기독교의 역사를 중심으로 한
조중변경의 북한 5시 21군 안내

기도가 흐르는 강물
3천3백80리

초판 인쇄 | 2010년 7월 15일

저　자 | 유관지 · 안부섭
펴낸이 | 안부섭

펴낸 곳 | 도서출판 진리와자유
등　록 | 1995. 9. 5(제13-434호)
주　소 | 서울특별시 중구 오장동 127-1 센트마빌딩 3013호

전화 | 02-2268-3604　팩스 | 02-2264-0135
홈페이지 | http://www.tnfkorea.net

ISBN 978-89-86624-20-5

값 15,000원

기도가 흐르는 3천3백80리 강물

도서 출판 **진리와자유**

많은 사람들이 북한과 중국의 접경지역을 찾고 있다. 어떤 분은 개인으로, 또는 단체로 찾는데, 그 지역을 부분적으로 찾는 분들도 있고 압록강 끝에서 두만강 끝까지, 3,380리를 전부 답사하는 분들도 있다. 여름에 중국 쪽 압록강변이나 두만강변에 가면 중국말보다 한국말을 더 많이 듣게 되는 일이 흔하다. 그 숫자는 점점 늘어나고 있다.

조중변경을 찾는 이들은 빠짐 없이 북한 쪽을 바라보며 통일을 기원한다. 크리스천들은 그 땅에 복음이 들어가기를 간구한다.

압록강 유역은 우리나라에 복음이 들어온 관문이다. 복음은 인천을 통해서 들어오기 이전에 이곳을 통해서 먼저 들어왔다.

두만강 유역은 중국 대륙 동북지역을 향한 복음의 출구였다.

조중변경 지역은 교회가 유난히 왕성하던 곳이었다. 그런데 그곳을 다녀오는 분들 가운데 그런 사실을 아는 분들은 그리 많지 않은 것 같다. 그저 막연한 느낌 가운데, 막연한 기도를 드리고 돌아올 뿐이다.

이같은 일을 지켜보면서 조중변경 지역에 대한 안내서가 꼭 필요하다는 생각을 하게 되었다. 현지의 선교사들은 단기선교 팀이나 방문 팀을 안내 할 때가 많은데 그분들에게 이런 이야기를 하니까, "방문자들을 위해서만이 아니라, 현지의 선교사들에게도 꼭 필요한 책입니다."고 하면서 반가워하는 것을 보고 더 서두르게 되었다.

필자들은 1980년대, 한중수교 이전부터 이 지역을 여러 차례 방문하였다. 그때부터 보고 들은 것, 느낀 것들을 바탕으로 하고, 자료들을 통해 확인한 것을 모아 이 책을 엮었다.

이 책은 압록강과 두만강변에 있는 북한 쪽의 다섯 개 시와 스물한 개 군을 서쪽에서 동쪽으로 가면서 차례대로 소개하는데 그 지역의 기독교 역사에 많은 비중을 두었다. 조중변경 답사는 실제로는 중국쪽에서 이뤄지기 때문에 압록강과 두만강 연안의 세 개 시와 한 조선족가치현과 자치주에 대해서도 살폈다.

본문의 대부분은 유관지 목사가 집필하였고, 사진은 안부섭 대표가 현지를 여러 차례 방문하면서 촬영한 것들이다. 자료 수집과 편집실무도 안 대표가 담당하였다. 집필과 편집 과정에서 관계 인사들의 자문을 구하는 가운데 사진 자료만으로도 이 책은 가치가 있다는 이야기를 여러 사람에게서 들었다.

이 책에 실린 북한에 있었던 교회들의 모습은 원로 교회사가인 이찬영(李贊英) 목사님께서 평생을 바쳐 수집한 것을 이 목사님의 허락과 협조 하에 게재한 것이다. 이 목사님께 깊은 감사를 드리며 건강 회복을 위해 기도 드린다.

필자들은 1995년에 「북한교회재건자료집: 무너진제단을세운다」를 발간한 일이 있다. 「무너진제단을세운다」는 북한 전역을 살피면서 해방 전에 각 지역에 있었던 교회들을 집중적으로 조명한 것인데 한국교회의 통일선교운동, 특히 북한교회 재건 운동에 적지 않은 자극을 준 것을 기억한다. 이 「기도가 흐르는 강물 3천3백80리」가 다시 한 번 그렇게 쓰임 받기를 바라는 마음이 크다.

이 책이 현지를 방문하는 분들이 현지에 대한 정확한 정보와 기독교의 역사를 알고 구체적으로, 뜨겁게 기도하도록 하는 일에 도움이 되기를 바란다.

대폭 개편된 북한의 행정구역에 따른 지역교회사로서는 처음 시도되는 것이어서 오류도 적지 않으리라고 여겨진다. 관심 있는 분들의 질정(叱正)을 기다려 바로 잡아 정확한 기록으로 가꿔나가려고 한다.

이 일을 가능하게 하신 성령님과 집필과 편집 과정에서 많은 조언을 주신 분들, 추천의 글을 주신 김상복 목사님, 김동호 목사님, 이찬수 목사님, 고형원 전도사님, 이 일을 위해서 기도해 주신 분들께 깊은 감사를 드린다.

2010년 7월

돌북골에서 북한교회를 연구하고 있는 **유관지**

북한을 성서한국으로 디자인하고자 하는 **안부섭**

북한을 사랑하는 분들에게
특별한 자료가 되는 책

　우리 민족은 통일의 관점에서 보면 21세기에 가장 불행한 나라라고 할 수 있다. 세계의 유일한 분단국가이다. 제2차 대전이 끝난 지 65년, 6·25 전쟁으로 동족상잔과 국토의 폐허를 경험한 지 60년이 지났건만 아직도 남북은 첨예한 대치상태에서 최근, 심지어 천안함 폭발로 46명의 젊은이들이 죽어가는 사건까지 일어나 온 국민을 슬픔 속에 빠뜨리고 있다. 북한은 금강산에 있는 남한 재산을 몰수하고 남측 관리자들을 추방하고 개성공단마저 위협하고 있다. 15만 명의 특수부대를 전방에 배치하며 하시(何時)든지 전면 전쟁을 하겠다고 호언하고 있다. 그러나 북한은 경제적 파탄으로 아사자가 속출하는 지경에 있고, 살 길을 찾아 탈출한 탈북자 가족들을 조직적으로 색출해 벌써 1,000 가정이 수용소로 보내지고 있다는 보도도 있다. 노동자의 평균 월급은 1,500원 내지 2,000원에 불과한데 배급은 없어진 지 오래고, 식량은 1kg당 500~600원을 넘어서서 북한 주민들은 살 길이 없다.

　우리는 북한과 북한의 주민들을 생각할 때마다 마음의 고통을 금할 수 없다. 그들은 우리가 박멸해야 하는 원수들이 아니고 역사 속에서 함께 살아가야 할 우리의 형제 자매들이다. 이산가족들에게는 더욱 더 그렇다. 북한 동포들은 60여 년간 하나님의 사랑과 구원의 복음을 들어보지도 못하고 두 세대가 세상에서 사라졌다. 너무도 안타까운 일이다. 종교의 자유가 없는 중동의 이슬람 국가들이나 중국과 쿠바와 같은 공산주의 국가들도 전파를 타고 오는 TV나 라디오나 인터넷 매체들을 통해 그나마 사랑의 복음을 들을 수 있는데 완전히 통제되어 있는 북한만은 자유롭게 접할 수가 없다. 오늘과 같은 시대에 북한이 아니면 있을 수 없는 일들이 지속되고 있다.

　이와 같은 안타까운 북한의 상황에 대해 오래 전부터 특별한 관심을 갖고 연구하며 어떻게 하든지 북한을 도와보려고 크고 작은 힘을 써오고 있는 유관지 목사와 안부섭 대표 두 분의 전문가가 협력해서 흥미 있는 북한관련 책을 출판하게 된 것은 북한을 사랑하고 도움의 손길을 펴왔고 또 북한 사역에 헌신하려고 하는 수많은 사역자들에게 대단히 기쁜 일이 아닐 수 없다.

　그 동안 북한관련 서적이 적지않게 나왔지만 이 책은 내용에 있어서나 편집에 있어서 특별한 관심을 갖게 하고 있다. 북한의 압록강과 두만강 변경 지역에 대한 과거와 오늘의 상황을 현장감 있게, 높은 수준의 사진들과 함께 잘 다루고 있는 이 책은 북한을 마음으로 품고 기도하는 사랑하는 수많은 분들에게 특별한 자료가 될 것이다.

　유관지 목사는 극동방송에서 사역하면서 북한선교 사역을 가장 먼저, 오래 전부터 해 오신 북한의 전문가이시고, 안부섭 대표 역시 오랫동안 북한관련 서적 출판뿐만 아니라, 북한의 학교와 학생들 돕기에 꾸준히 헌신하고 있는 분이시다. 이 두 분은 오래 전 본인이 한기총에서 남북교회협력위원장과 북한교회재건위원장으로 섬기고 있었을 당시 가장 헌신적으로 북한 관련사역을 함께 하신 분들이었다. 나는 두 분의 진심을 보았고, 잘 알고 있다. 이들은 변함없이 오늘까지도 북한을 사랑하고 있는 분들이다. 이들은 명예나 공적을 추구하는 분들이 아니다. 그저 북한을 사심 없이 사랑하는 분들일 뿐이다. 이들의 순수한 마음을 이 책의 구석구석에서도 느낄 수 있다.

　이 책은 북한을 사랑하고 남북통일을 염원하며 조금이라도 이바지하고 싶은 분들에게 좋은 자료가 될 것이다. 남북문제에 관심이 있는 사람이라면 꼭 한 권 비치하라고 권하고 싶은 귀한 자료이다.

　두 분의 수고에 진심으로 감사를 드린다.

2010년 7월

김상복 목사 | 할렐루야교회 원로목사 · 세계복음주의연맹(WEA) 회장

북한을 구체적으로
이해할 수 있게 해주는 책

한국의 크리스천이라면 누구나 북한을 위하여 기도할 것이다. 그러나 우리는 정작 북한에 대하여 구체적으로 아는 것이 별로 없다. 때문에 북한을 위한 기도도 구체적이지 못하고 피상적이기가 쉽다. 그래서 우리의 기도가 더 절실해지지 못하는 면이 있다.

이번에 유관지 목사님과 안부섭 집사님이 함께 쓰신 「기도가 흐르는 강물 3천3백80리」를 보면 아주 구체적인 북한의 역사와 지리 그리고 형편에 대한 정보가 실려 있다. 그래서 이 책을 보면 북한을 구체적으로 이해할 수 있게 되고 북한을 위하여 가슴에서부터 우러나오는 구체적인 기도를 드릴 수 있다.

나도 책을 쓰는 사람으로서 두 분이 이번에 집필하신 책을 보며 감동과 부끄러움을 동시에 느낀다. 그동안 책을 막 쓴 것은 아니었지만, 이 책처럼 공을 들여 쓴 책이 과연 내겐 얼마나 되었을까를 생각해 보았다. 정말 귀하고 좋은 책이 나온 것을 축하하고 기뻐한다.

많은 분들의 필독을 강권하고 싶다.

2010년 7월

김동호 목사 | 높은뜻교회연합 대표 · 열매나눔재단 대표이사

소망이 현실로
일어날 수 있도록 돕는 통로

　이 책은 조중접경지역을 중심으로 한 북한 지역을 눈으로 목도하듯 구체적이며 사실적으로 설명해 주고 있습니다. 게다가 현재의 상황과 필요를 살펴서 우리가 함께 기도할 수 있도록 돕고 있습니다.

　수차례 직접 현지를 방문해서 찍은 사진들이 보여주는 생생한 증언들과 당시 기독교 초기 역사를 이어간 선조들에 대해 통찰력 있게 관찰·해석해 놓은 주옥같은 글들은 우리의 지적인 탐구를 충족시켜주기에 부족함이 없습니다.

　제가 아는 저자들은 하나님 앞에서 맑은 영을 가진 분들입니다. 복음을 향한 그 순수한 열정과 눈물이 이 책 속에 녹아져 있음을 느낍니다. 책을 읽는 독자들에게 그 마음이 전달되리라 믿습니다. 아는 만큼 보고, 품고, 또한 기도할 수 있다고 생각합니다.

　이런 맥락에서 이 책은 북한선교에 사명을 가지신 분들이나 조중접경지역에서 사역을 하시는 분, 선교여행을 계획하고 계시는 분뿐만 아니라 이 나라 이 민족, 그리고 자신을 향한 하나님의 뜻과 소망을 구하며 기도하시는 모든 분들에게 막연함에서 벗어나 그 뜻을 이해하고 기도할 수 있도록 현장감 있는 도움을 줄 수 있으리라고 기대됩니다.

　조중접경지역의 북한과 경계를 이루는 압록강과 두만강 물줄기, 지금은 우리가 자유롭게 왕래할 수 없는 곳이지만 북을 향한 우리의 눈물의 기도가 먼저 흘러들어가 그 땅을 적실 때 복음으로 하나 될 수 있는 그 날이 곧 오리라 믿습니다.

　「기도가 흐르는 강물 3천3백80리」는 우리가 오랫동안 믿음으로 기도해 오던 북한지역과 통일한국에 대한 소망이 현실로 일어날 수 있도록 돕는 의미 있는 통로가 될 것입니다.

2010년 7월

이찬수 목사 | 분당우리교회

함께 통일코리아를 꿈꾸며

　오랜 세월 동안 북녘 땅 동포들을 사랑으로 품고 귀한 삶을 살아오신 유관지 목사님과 안부섭 대표님의 책이 나오게 되어 정말 기쁩니다. 이 책은 우리 민족의 복음의 통로였으며 수많은 믿음의 사람들과 교회가 있었던 조중변경지역에 관한 생생한 이해를 줍니다. 그리고 이 지역 안에 있었던 복음의 역사적인 사실들과 사진들을 통해 우리 민족이 나아가야할 약속의 땅 통일코리아를 꿈꾸게 합니다.

　이 책을 보며 압록강변과 두만강변에서 북한의 회복과 민족을 위해 기도했던 저의 여행들도 막연하고 피상적이었음을 느낍니다. 이 책은 그 기도의 길을 차를 타고 직선적으로만 달려가던 우리가 마을로 들어가 그 땅의 사람들과 역사를 입체적으로 깊이 만나게 해줍니다. 그리고 그것이 바로 우리 민족과 교회의 역사요 우리 민족의 이야기임을 깨닫게 해줍니다.

　특별히 최근에 남과 북의 길이 점점 막히고 중국의 영향력이 북녘 땅 가운데서 더 심화되어 가는 이 때에 이 책이 나오게 된 것은 하나님의 섭리임을 느낍니다. 이 책을 통해 시편 133편의 말씀이 한반도에서 이루어지길 기도합니다. 북녘의 형제들과 남녘의 형제들이 하나 되어 살 때 이 민족이 열방을 위한 제사장적 사명으로 새로운 차원의 기름부으심 가운데 들어가는 꿈을 이 책을 읽는 분들마다 함께 꾸시게 되길 기도합니다.

　이 귀한 책은 북녘 땅 영혼들을 향한 두 분의 눈물과 노력으로 결실 맺은 것입니다. 이 책을 읽으시는 모든 분들이 함께 우리 민족의 약속의 땅, 통일코리아를 꿈꾸며 기도할 때, 영생의 축복이 있는 한반도, 열방을 위해 복음을 강같이 흘러보내는 한민족교회의 새 시대가 열리게 될 줄을 확신합니다.

2010년 7월

고형원 전도사 | 부흥한국 대표

① 이 책은 먼저 북한의 각 시와 군에 있었던 교회들을 충실하게 소개하기 위해 힘썼다.

　교회를 소개할 때는 '조선예수교장로회명칭급주소(1938년)' (약칭 1938년 장로교주소록)을 기본
　자료로 하여, 그 순서와 표기를 그대로 소개하고, 그 밖의 자료에 나오는 교회들은 그 다음에 소
　개하였는데, 각 교회의 설립연도와 옛 주소를 괄호 안에 넣고, 현재의 행정구역에 따른 위치를
　개략적으로 적었다.

② 그 다음에 그 지역이 배출한 인물들과 그 지역에서 일한 인물들, 그리고 그 지역에 있었던 교회
　들과 관련된 감동적인 이야기들을 소개하였다.

③ 각 지역의 소개는 북한쪽 자료를 사용하여 '북측 자료에 입각한 정확한 책' 이라는 특색을 갖도
　록 하였다.

④ 북한의 행정구역 개편에 대해서는, 개괄적인 것은 우진지도문화사의 「최신 북한·중국지도」
　(2005년 개정 5판)의 '대한민국과 북한의 행정구역명 대조표' 를, 정밀한 것은 북의 과학백과사
　전출판사와 남의 평화문제연구소가 공동으로 편찬한 「조선향토대백과」를 따랐다.

⑤ 북한의 지명과 인명은 현행 북한의 표기를 그대로 따랐는데(예: 룡천), 해방 전의 일을 기술할 때
　는 해방 전 표기를 사용하였다. 따라서 한 글 안에 두 가지 표기가 쓰인 경우도 있다.(예: 용천노
　회와 룡천군) 중국도 이와 같이 하였다.

⑥ 교회 숫자나 이름은 1938년을 기준으로 하는 것을 원칙으로 하였다.

⑦ 지명이나 인명에 한자를 넣을 때 여러 번 나오는 경우, 매번 다 넣지는 않았다.

⑧ 중국의 지명이나 인명은 원음으로 표기하지 않고 한자음을 적었다.

　(예: '단둥' '옌지' 라 하지 않고 '단동' '연길' 이라고 함)

차례

선교지역 분할 협정과
북한의 행정구역 개편 안내

해방 전 북한지역의 교회에 대해 이야기 할 때는 먼저 장로교와 감리교, 정확하게는 미 북장로회와 남장로회, 오스트레일리아 장로회와 캐나다 장로회, 미감리회와 남감리회, 여섯 선교회가 맺은 선교지역분할협정에 대한 이해가 필요하다. 이 협정의 목적은 '가장 빈번한 마찰의 요인이 되고 있는 중첩을 피하고 돈과 시간과 힘의 낭비를 줄이기 위한 것'이었다. 다시 말해 불필요한 중복과 마찰과 경쟁을 피하기 위한 것으로서, 교회사가인 백낙준 박사는 이를 '교계예양 (敎界禮讓)이라고 불렀다.

선교지역분할협정은 1892년부터 논의되기 시작하여 1909년에 이르러 거의 확정되었다. 이 선교지역분할협정은 초기에는 엄격하게 지켜졌다. 이 협정이 확정되기 이전에 어느 지역에 장로교회가 설립되어 존속하고 있었는데 이 협정에서 그 지역이 감리교선교지역으로 되었으면, 그 장로교회는 감리교회가 되었다. 한 예로 철원 민통선 부근에 있으며, 현재 복원이 추진되고 있는 철원제일교회의 경우를 보면. 이 교회는 장로교의 웰번(Arthur G. Welbon) 선교사에 의해 개척 설립되어 장로교로 출발했으나 선교지역분할협정에서 철원이 남감리회의 선교구역이 되자 감리교회로 교파가 바뀌었고, 성장을 거듭해서 중부 일원의 감리교회를 대표하는 교회가 되었다. 부산에서는 북장로회가 활동하고 있었으나 1909년에 북장로회와 오스트레일리아장로회 사이에, 부산을 오스트레일리아선교회가 담당한다는 협약이 맺어지자 북장로회의 선교사들은 부산에서 철수하였다.

조중변경지역 가운데 평안북도에 속한 지역들은 전부가 북장로회 선교지역이었고, 함경북도는 전체가 캐나다장로회 선교지역이었다. 신의주에 감리교회 하나와 성결교회들이 몇 있었고, 량강도, 함경북도 지역에 성결교와 침례교(당시 이름 동아기독교)에 속한 교회들이 약간 있었던 것을 제외하고는 조중변경지역에 있었던 교회들은 전부가 장로교회라고 해도 무방하다.

조중변경지역을 살피려면 또 북한의 행정구역 개편에 대한 이해가 필요하다. 북한은 해방 직후부터 지금까지 행정구역을 계속해서 개편해 오고 있다. 1946년에는 강원도를 신설하였고,

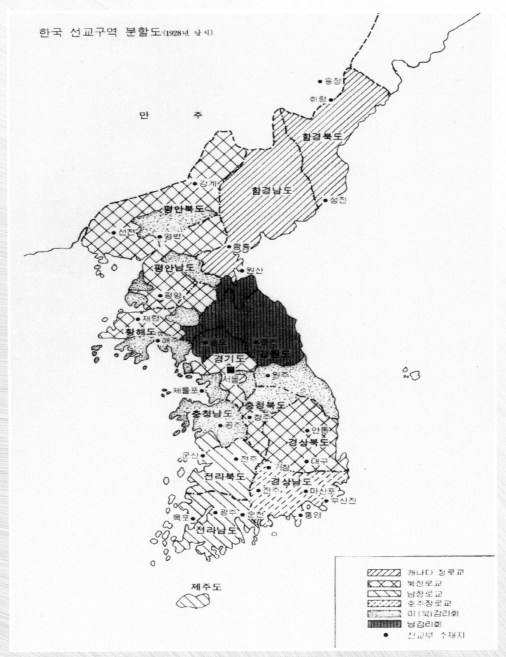

한국 선교구역 분할도 (1928년 당시)

만 주

- 용정
- 회령

함경북도

함경남도

- 감계
- 성진

평안북도

- 선천 · 영변
- 광동

평안남도

- 원산
- 평양
- 재령

황해도

- 해주
- 송도
- 춘천
- 서울
- 원주
- 제물포

경기도

충청북도

- 청주

충청남도

- 공주

경상북도

- 안동
- 대구

전라북도

- 군산
- 전주
- 거창

경상남도

- 진주
- 마산포
- 부산진

전라남도

- 목포
- 광주
- 순천
- 통영

제주도

	캐나다 장로교
	북장로교
	남장로교
	호주장로교
	미(북)감리회
	남감리회
●	선교부 소재지

선교구역 분할도   출처: 사진으로 읽는 한국감리교회 역사

1949년에는 평안북도의 동북부 지역을 떼어 자강도를 신설하였다.

1952년에는 규모가 큰 행정구역 개편을 실시했는데 북한에서는 이를 '군면리 대폐합'이라고 부른다. 이때 북은 면을 없애서 행정체계를 3단계로 변경했고, 한 개의 군을 두 개, 또는 그 이상으로 분할하여 당시 98개이던 군을 168개로 증설하였다. 그리고 당시 1만120개이던 리를 병합하여 3천658개로 개편하였다. 리의 옛날 명칭이 남아 있는 경우가 많으나 그 지역은 옛날과 일치하지 않는다.(대부분 몇 개의 리를 병합하여 이전보다 훨씬 넓어졌다) 군면리 대폐합시 노동자들이 많이 사는 곳에는 '로동자구'라는 명칭을 부여하였고, 군의 행정중심지는 읍으로 호칭하였다.

1954년에는 함경남도의 북부지역을 떼어 량강도를 신설하였고 황해도를 황해남도와 황해북도로 분할하였다. 이에 따라 조중변경지역에는 평안북도 · 자강도 · 량강도 · 함경북도, 4개의 도가 걸쳐 있게 되었다.

2000년대에 들어와서는 직할시였던 남포와 개성과 조중변경 지역인 라선(라진 선봉)을 특급시로 격하시켜 도에 편입시켰고, 은덕군을 비롯하여 해방 후에 이름을 바꾸었던 몇 개의 군을 원래의 이름으로 환원시켰다. 이 책에서는 각 지역에 대해 말할 때, 먼저 그 지역의 행정구역이 어떻게 개편되었는지를 비교적 자세하게 밝히고 있다.

행정구역이 이렇게 심하게 개편됨에 따라 각 교회의 옛 소재지가 현재의 행정구역으로 어떻게 되는지 정확하게 파악하는 일이 쉽지 않게 되었다. 옛 주소를 가지고 현재의 지번을 파악하는 일은 원칙적으로 불가능해졌다. 국토해양부 국토정보지리원(전 국립지리원)에서도 이 일은 불가능하다고 말하고 있다.

이에 따라 북한에 있었던 교회들의 위치를 정확하게 찾아내는 일 역시 어려운 일이 되었다. 우선 평양의 경우만 하더라도 '장대현교회는 평양소년학생궁전 부근, 산정현교회는 제일백화점에서 좀 떨어진 곳의 종로국수집이 있는 자리, 남산현교회는 인민대학습당 자리', 이 정도로 말할 수 있을 뿐이다.

단체로 방북을 하여 인민대학습당을 찾았을 때, 평양에서 청년시절까지 보내고 월남한 장로 한 분이 감회 어린 얼굴로 사방을 돌아보고 있기에 "여기에는 남산현교회뿐만 아니라 병원, 광성학교, 선교사들 주택, 성화신학교가 같이 있었는데 그 위치를 짐작하겠느냐?"고 했더니 고개를 절레절레 흔들며 "옛 건물들의 모습은 생각나지만 어디가 어딘지 전혀 모르겠다. 상전벽해(桑田碧海)란 이런 경우를 두고 하는 말이 아닌가 한다."고 하였다.

이 일은 평양에 있는 칠골교회의 경우를 보면 잘 알 수 있다. 칠골교회를 방문하면 안내자들이나 조그런 관계자들은, 김일성 주석이 칠골교회가 있었던 지역에 나가 "가만 있자, 우리 어머니가 다니시던 교회가 이 부근 어디에 있었는데…" 하였고, 이에 따라 관계자들이 수소문을 하여 정확한 위치를 아는 사람을 찾아내서 그가 가리키는 자리에 칠골교회를 지었다는 이야기를 빠짐없이 한다. 그 부근에서 출생해서 유년시절과 소년시절을 보냈고 무소부지의 막강한 권력을 휘두르던 김일성 주석조차 어머니가 다니던 교회(그도 따라서 다녔을 가능성이 높은 교회)의 자리를 당장 찾아내지 못했던 것이다.

평양 뿐만이 아니고 농촌지역도 대부분 마을의 구조나 지형이 변해 버렸다. 필자들은 여러 차례 북한을 방문하면서 이 사실을 잘 확인할 수 있었다.

평안남도 청천강 유역의 한 곳에서 예전 교회당의 폐허를 발견한 일이 있었는데 그 폐허는 주민들의 주거지에서 한참 떨어진 그곳 협동농장의 남새조(채소밭) 한 가운데 있었다. 지형을 잘 살펴보니 예전에는 그 예배당을 중심으로 취락이 형성되어 있었던 것을 짐작할 수 있었는데 지금은 고개 넘어 반대편에 주민들이 살고 있었다. 그 지역은 6·25 전쟁 때 전투가 유난히 심했던 곳이어서 이렇게 되었을 가능성이 있지만 다른 곳에도 이런 일들이 많을 것이다.

따라서 예전에 있었던 교회의 위치를 파악하는 일은 그 교회의 건물이나 건물의 일부, 또는 잔해가 남아 있거나 정확하게 고증해 줄 사람이 없으면 아주 어려워졌다고 보아야 한다.

시간이 더 흐르기 전에, 환경이 더 변하기 전에, 조중변경 탐사에서 한 걸음 더 나아가, 북한 현지 탐사가 가능해져서 예전에 교회가 있었던 자리들을 하나라도 더 많이 찾아낼 수 있는 날이 속히 와야 할 것이다.

압록강

북한과 중국은 압록강과 두만강을 경계로 하고 있다. 북한 여행이 가능하지 않은 현실에서 조중변경 탐사여행은 압록강의 서단(西端)인 중국의 단동에서 시작해서 북한쪽을 바라보며 압록강을 거슬러 올라가다가 장백에서 두만강을 따라 서쪽으로 내려가서 훈춘에서 끝나는 것이 일반적인 코스이다.

압록강은 량강도 삼지연군의 백두산 남쪽 비탈면에서 발원하여 여러 지류들을 받아들이며 한국과(현실적으로는 '북한과' 라고 해야 맞지만, 통일한국을 바라보면서 '한국' 이라고 부르기로 한다.) 중국의 경계를 이루면서 서해로 흘러들어가는 강이다. 길이는 803㎞로, 한국에서 가장 긴 강이며, 유역면적은 6만 3,160㎢인데 그 가운데 한국에 속하는 면적은 3만 1,226㎢이다.

1865년에 편찬된 조선시대 마지막 법전인 「대전회통」(大典會通)에는 물빛이 오리머리 빛과 같다〔水色如鴨頭〕고 하여 압록강이라고 이름을 지었다는 기록이 있고, '벌판의 경계' 라는 뜻을 가진 옛말 아루(혹은 알루)에서 이 이름이 유래되었다는 설도 있다.

압록강은 예전부터 역사의 현장이었다. 압록강은 고구려의 두 번째 수도인 국내성을 방어하는데 큰 도움을 주었다. 고구려는 수도를 국내성으로 옮기면서 압록강변에 환도산성(丸都山城)을 쌓아 방어기지로 삼았다. 지금 중국 길림성 집안시(集安市) 서북쪽 2.5㎞지점에는 이 환도산성의 자취가 일부 남아 있다.

고려 시절, 교황청의 사절로 원을 방문한 루브루크(Guillaume de Rubruc)는 압록강까지 왔다가 보고 들은 것을 교황청에 써 보내면서 '카울레'(Caulej)라는 말을 사용하였다. 이것이 우리나라가 서구에 최초로

알려진 일로, '고려'를 뜻하는 '카울레'가 그 이후 'Korea'로 고정되어 쓰이고 있다.

압록강에 있는 섬들 가운데 하나인 위화도(威化島)는 고려말 이성계(李成桂)의 회군으로 잘 알려진 곳으로, 왕조의 역사를 바꾸어 놓은 현장이기도 하다.

일제 강점기에 독립지사들은 압록강을 건너 중국으로 망명하거나 국내로 잠입하였다. 또 압록강은 그때 정든 고향을 뒤에 두고 중국 동북지역 서간도로 떠나는 유이민(流移民)들의 서러운 눈물이 스며 있는 곳이다.

6·25 당시 압록강까지 북진한 국군 6사단은 압록강 강물을 수통에 담아 이승만 대통령에게 바쳤다.

일본 총독부가 철도 사용을 목적으로 1911년 10월에 완공한 압록강 철교는 1950년, 미 공군의 폭격으로 중간이 끊어져서 단교(斷橋)라는 이름으로 남아 있는데 중국은 이 단교를 관광자원으로 활용하고 있다.

1943년에 개통된 또 하나의 다리는 중공군의 참전을 기념하여 조중우

● 압록강
한국과 중국의 경계를 이루면서 서해로 흘러들어가는 강이다. 길이는 803km로 한국에서 가장 긴 강이며, 유역 면적은 6만 3,160㎢인데 그 가운데 한국에 속하는 면적은 3만 1,226㎢이다.
오른쪽의 다리는 6·25전쟁 때 파괴된 압록강 단교(斷橋), 왼쪽은 현재 사용되고 있는 조중우의교(朝中友誼橋)이다.

신압록강 대교 조감도
2009년 북한과 중국은 압록강 대교를 신설하기로 합의하였다. 압록강 대교가 건설되면 북한과 중국은 더욱 활발한 교역이 이루어질 것이며, 남북관계가 회복되지 않으면 북한은 중국으로의 예속이 가속화 될 가능성이 크다.
사진 출처 연합뉴스

의교(朝中友誼橋: 중국 쪽에서는 중조우의교라고 함)라는 이름으로 서 있다. 이 다리는 단선이고 낡아서 20톤급 이상의 화물차량은 통행이 제한되어서 불편이 많았는데 북한과 중국은 2009년 9월, 압록강대교를 신설하기로 합의했다. 압록강대교의 건설비용은 전액 중국이 부담할 것으로 알려졌는데 중국이 이렇게 압록강대교 신설에 적극적으로 나오는 것은 북한의 개혁개방에 대비해 북한에 진출하기 위한 교두보를 마련하기 위해서인 것으로 보인다. 중국은 단동 일대의 압록강변 개발 프로젝트를 추진하고 있는데 압록강대교 신설은 이 프로젝트와도 밀접한 관련이 있는 것으로 여겨지고 있다.

북에서는 압록강을 "위대한 수령 김일성 동지의 영광찬란한 혁명력사와 투쟁업적을 담아 싣고 흐르는 력사의 강이며 항일의 녀성영웅 김정숙 동지와 위대한 수령님의 혁명일가 분들의 혁명활동 사적이 어려 있는 뜻 깊은 강"(「조선대백과사전」)이라고 말하는데, 심양에서 고려항공을 이용해 평양으로 가는 길에 압록강 상공을 통과할 때는 이와 같은 내용의 기내 방송이 흘러나온다.

뒤에 중국의 심양 편에서 자세하게 말하겠지만, 1870년대 초반, 의주 청년 서상륜(徐相崙) 등은 압록강을 건너 중국으로 갔다가 통화현(通化縣) 고려문(高麗門)에서 스코틀랜드 연합장로교 선교사 존 로스(John Ross) 목사를 만나 복음을 받아들였고 성서를 번역했는데, 서상륜은 1883년, 자신이 번역한 성서를 짊어지고 다시 압록강을 건너 고향으로 돌아왔고, 피신 차 찾아간 황해도 장연의 솔내(松川: 현재의 행정구역으로는 황해남도 룡연군 구미리)에 우리나라 최초의 교회인 소래교회를 세웠다.

압록강에서는 '한국교회의 요단강 세례' 라고 불리는 집단세례가 행해지기도 했다. 압록강은 이와 같이 한국교회의 역사 초기에서 중요한 복음의 통로 역할을 하였다.

[평안북도]

평안북도는 기독교가 대단히 왕성하던 곳이었다. 의주군은 한국 기독교의 발원지라고 할 수 있는
곳이고 선천은 성시화(聖市化)된 지역이라고 할 수 있다.
룡천은 군 하나가 하나의 노회를 이룰 정도로 교회들이 많았던 곳이다.

한반도의 북서부에 위치하고 있으며, 압록강 서단에서 두만강 동단까지 조중변경(朝中邊境)을 따라 북한쪽을 바라보며 기도하는 여행의 출발점이 되는 평안북도는 평안남도와 함께 고조선의 영토였다. 고구려 때는 이 지역이 나라의 중심이었다. 고려 때는 평안북도와 평안남도를 패서도(貝西道)라고 하였다. 대동강의 옛 이름이 패수(貝水)였는데, 패서도는 '대동강의 서쪽에 자리 잡은 도' 라는 뜻이다.

조선왕조 초기인 1413년에 전국을 8개도로 개편했는데, 이 지역을 평양과 안주의 첫 글자를 따서 평안도라고 하였으며, 1896년에 전국을 13개 도로 나눌 때 청천강 이북지역이 평안북도가 되었다.

1949년에 평안북도의 동부지역 일부(강계군·자성군·후창군·위원군·초산군·희천군)이 분립하여 자강도(慈江道)가 되었고, 1952년 군면리 대폐합 시, 향산군(香山郡)을 비롯하여 13개 군이 신설되었다.

현재 평안북도는 구성시·신의주시·정주시와, 곽산군·구장군·녕변군·대관군·동림군·동창군·룡천군·박천군·벽동군·삭주군·선천군·신도군·염주군·운산군·운전군·의주군·창성군·천마군·철산군·태천군·피현군·향산군, 3시 22군으로 되어 있으며 도 인민정부 소재지는 신의주시이다.

압록강에는 하나의 시와 여섯 개의 군이 연접해 있다. 그 이름을 서쪽으로부터 들면 신도군·룡천군·신의주시·의주군·삭주군·창성군·벽동군이다.

평안북도 안에는 묘향산맥·피난덕산맥(避難德山脈)·천마산맥(天摩山脈)·문수산맥(文繡山脈)과 그 지맥들이 있고, 룡천평야를 비롯하여 크고 작은 평야들이 있는데 이 평야들은 토양이 비옥하여 북한의 중요한 곡물생산기지가 되어 있다.

평안남도에서 제일 높은 산은 묘향산(1,909m)이다. 평안남도에는 220여 개의 크고 작은 섬들이 있고 압록강과 청천강을 비롯하여 많은 하천들이 압록강이나 청천강, 혹은 서해로 흘러들고 있다. 이 강들은 수량이 풍부하고 물이 맑으며 수질이 좋은데 수력발전·관개용수·양어에 널리 이용되고 있다. 도 안에는 약수가 20여 군데 있으며 온천이 여러 곳에 분포되어 있다. 평안북도는 기계공업 · 경공업 · 농업이 발달하여 북한의 경제에서 큰 비중을 차지하고 있다. 김일성 주석은 "오늘 평안북도는 우리나라의 유력한 공업지대로, 중요한 식량생산기지로 전변되었습니다." 라고 말한 바 있다.

평안북도에는 평양에서 신의주까지 가며 중요한 도시들을 연결하는 평의선(平義線)과 평북선 · 만포선(滿浦線)이 통과하고 있다. 평의선에서는 박천선(博川線) · 남흥선(南興線) · 백마선(白馬線) · 다사도선(多獅島線) · 덕현선(德峴線) 등 여러 지선들이 갈라진다. 평북선은 정주청년역에서 출발해서 내륙지대인 대관 · 삭주를 통과하여 수풍댐이 있는 청수역(靑水驛)까지 가는데, 구성선(龜城線) · 수풍선(水豊線) 등이 분리된다.

북한은 김일성 주석이 1927년 8월 28일에 조선공산주의청년동맹을 결성한 것을 기념하여 1991년에 8월 28일을 청년절로 제정하였는데, 이때 전국의 29,000여 개 산업시설과 단체 · 기관의 이름에 '청년'이라는 이름을 넣었다. 정주역이 정주청년역이 된 것은 이 때문이다.

평안남도 안에는 평양에서 신의주로 가는 도로를 비롯하여 간선도로들이 여럿 있으며, 압록강과 수풍댐을 이용한 수상운수도 활발하다. 압록강 어구의 룡암포(龍岩浦)에서 해주항(海州港)까지는 해상운수도 실시되고 있다.

평안북도는 미감리회 선교구역인 영변 · 운산 · 태천 · 희천을 제외하고는 대부분 미국 북장로교가 선교를 담당했었다. 압록강변에 있는 시와 군들은 모두 북장로교의 선교구역이어서 이곳에 있었던 교회들은 거의 모두 장로교회들이었는데, 예외로 신의주에는 성결교회들과 감리교회가 있었다. 1938년을 기준으로 할 때 이곳에는 용천노회(龍川老會) · 의산노회(義山老會) · 삼산노회(三山老會) · 산서노회(山西老會), 네 개의 노회가 있었다. 이 노회들에 대해서는 그 노회들이 관할하던 지역에 들어가서 언급하게 된다.

평안북도는 기독교가 대단히 왕성하던 곳이었다. 의주군은 한국기독교의 발원지라고 할 수 있는 곳이고, 선천은 성시화(聖市化) 된 지역이라고 할 수 있다. 룡천은 뒤에 다시 말하겠지만 군 하나가 하나의 노회를 이룰 정도로 교회가 많았던 곳이다.

평안북도는 기계공업 · 경공업 · 농업이 발달하여 북한의 경제에서 큰 비중을 차지하고 있다. 김일성 주석은 "오늘 평안북도는 우리나라의 유력한 공업지대로, 중요한 식량생산기지로 전변되었습니다."라고 말한 바 있다.

..01 신도군(薪島郡)
순교자 한경희 목사님이 전도의 첫 정열을 바친 곳

北의 「조선중앙년감」의 '조선지리' 편 '지리적 위치' 항목은,

우리나라의 지리적 위치는 섬을 넣었을 때 동쪽은 경상북도 울릉군 독도 동쪽 끝
E 131° 52' 40", 서쪽은 평안북도 신도군 비단섬 서쪽 끝 E 124° 10' 47", 남쪽은
제주도 남제주군 마라도 남쪽 끝 N 33° 06' 43", 북쪽은 함경북도 온성군 풍서리
북쪽 끝 N 43° 00' 36"이다.
라고 적고 있다.

　여기에 기록된 것과 같이 신도군은 한반도의 서쪽 끝이다. 신도군(薪島
郡)은 남의 신안군과 같이 섬으로만 이루어진 군인데 '신'(薪)자는 '섶나

무 신'자로서 '신도'는 이 섬에 섶나무가 많이 자란다고 하여 붙여진 이름이다.

신도군은 원래는 평안북도 룡천군(龍川郡)의 일부분이었다가, 1967년 10월에 신도군으로 독립했는데, 2년 뒤에는 다시 룡천군에 병합되었다가 1988년에 도로 신도군이 되어 오늘에 이르고 있다.

신도군에서는 품질이 우수한 갈대가 많이 생산되는데 이 갈대는 신의주의 섬유화학공업 원료로 쓰이고 또 많은 양이 중국으로 수출되고 있다.

신도군의 여러 섬들 가운데 제일 서쪽에 있는 섬은 비단섬이다. 압록강 어구에 있는 비단섬의 면적은 64.368㎢(여의도의 7.7배)이고, 둘레는 49.07㎞로, 신도군 안에서 제일 큰 섬이다. 비단섬은 여러 개의 섬이 제방으로 연결된 인공섬으로, 정확하게는 비단군도(緋緞群島: 일명 신도렬도)라고 해야 한다. 제방으로 연결된 섬들 가운데 말안장처럼 생겼다고 하여 마안도(馬鞍島)라는 이름을 가진 섬이 있는데 이 마안도가 한반도의 서쪽 끝이다.

압록강의 수로가 변경되면서 비단섬은 중국의 단동과 동항(東港)을 연결하는 도로와 맞닿았는데, 시멘트로 만든 T자 형 펜스로 국경을 표시하고 펜스와 펜스 사이를 가시 철망으로 엮어 놓았다. 그리고 중간 중간에 왕래를 할 수 있는 문을 만들어 놓았다.

비단섬에는 북의 천연기념물 제63호인 비단섬 코끼리바위가 있다. 코끼리바위는 모양이 코끼리처럼 생겼다고 해서 붙여진 이름인데 밀물 때는 마치 코끼리가 물에서 헤엄치는 것 같고, 간석지가 드러날 때는 코끼리가 갯벌에 빠져 있는 것처럼 보인다.

비단섬은 북의 대화학섬유원료기지인데, 중국 매체들은 2007년 초에 김정일이 비단섬을 금융 중심의 경제 특구로 개발할 계획을 밝혔다고 보도하였다.

신도군에는 신도읍, 비단섬로동자구, 서호(西湖)로동자구, 황금평리(黃金坪里)가 있다. 로동자구는 노동자들의 집단 거주지역에 붙이는 북의 독특한 행정구역 명칭으로서, 비단섬로동자구에는 갈대 채취에 종사하는 노동자들이 거주하고 있다.

신도군(薪島郡)은 남한의 신안군과 같이 섬으로만 이루어진 군인데 '신'(薪) 자는 '섶나무 신'자로서 '신도'는 이 섬에 섶나무가 많이 자란다고 하여 붙여진 이름이다.
신도군에서는 품질이 우수한 갈대가 많이 생산되는데 이 갈대는 신의주의 섬유화학공업 원료로 쓰이고 또 많은 양이 중국으로 수출되고 있다.

비단섬 코끼리 바위

비단섬에는 북의 천연기념물 제63호인 비단섬 코끼리바위가 있다. 코끼리바위는 모양이 코끼리처럼 생겼다고 해서 붙여진 이름인데 밀물 때는 마치 코끼리가 물에서 헤엄치는 것 같고 간석지가 드러날 때는 코끼리가 갯벌에 빠져 있는 것처럼 보인다.

신도군에 있었던 교회들

신도군에는 신도교회(薪島敎會)가 있었다. 신도교회의 주소는 평북 용천군 신도면 남주동(龍川郡 薪島面 南洲洞)였는데, 남주동은 고을의 남쪽에 있는 마을이라는 뜻으로 붙여진 이름이다.

신도교회는 1908년에 설립되었다. 장로교는 1907년에 노회가 조직되기 전에는 대리회(代理會)를 두었는데, 평북대리회는 전도회를 조직하여 전도인을 각처에 파송했다. 한경희(韓敬禧) 전도인이 신도면에 파송받아 전도하였는데, 한경희 전도인의 전도에 따라 신자가 늘고 신자들은 합심 노력하여 예배당을 신축하고 교회를 설립하였다.

만주의 사도바울 **한경희 목사**

신도교회의 초석이 된 한경희 전도인은 1881년 의주에서 출생하였는데, 어려서 가세가 몰락하여 의주와 용천 여러 곳을 옮겨 다니면서 상업과 농업으로 생계를 유지하였다. 그는 불량배들과 어울리며 타락한 생활을 하다가 20대 초반에 전도를 받아 믿음을 갖게 되었다. 한경희는 조사(오늘날의 전도사와 비슷한 비공식적인 직책)가 되어 용천에 여러 교회를 세우고, 섬기다가 신도로 파송받아 신도교회를 세운 것이다.

그는 1910년에 평양신학교에 입학해 공부하면서 평북지역과 중국 동북지역에 교회를 세우고, 명륜학교(明倫學校) 교장을 지냈고, 1914년에 평양신학교를 졸업하고(8회) 목사 안수를 받은 뒤 중국 길림성에 전도목사로 파송받아 많은 활동을 하였다.

한경희 목사는 목회와 함께 교육, 동포들의 생활개선, 농상조합(農商組合) 조직 등으로 동포들을 도왔으며, 독립운동에도 앞장섰다. 그는 일경을 피해 여러 곳을 옮겨 다니다가 체포당해 신의주형무소에서 3년의 옥고를 겪었다.

한경희 목사는 삼원포교회(三源浦敎會)를 담임했었는데 삼원포교회는 한국교회사에는 물론 민족운동사에도 큰 자취를 남긴 교회이다. 한경희 목사는 출옥 후 다시 중국 동북지역으로 가서 북만(北滿)의 러시아와 접경지역에서 전도활동을 했는데 이 지역은 공산당 비적들이 많이 출몰하는 곳이었다.

한경희 목사는 1931년 정초에 전도여행을 떠났다가 호림현(虎林縣)의 오소리(烏蘇里) 강변에서 공산당 비적들에게 잡혀 순교 당했다. 한경희 목사의 둘째 아들 한순옥(韓享玉)은 모스크바 공산당대학을 졸업한 정예 공산주의자였다. 그러나 아버지의 죽음에서 영향을 받아 회심하고 기독교인이 되었고, 심양(당시 이름 奉天)에 있는 만주신학원을 졸업하고 목사가 되었다.

한순옥 목사는 해방 후 귀국하여 룡천 양시교회(楊市敎會)에 이어 차련관교회(車輦舘敎會)에서 목회했는데, 공산주의 이론에 밝아 공산주의를 공격하는 일에는 맞설 사람이 없었다. 한순옥 목사는 6·25 당시 순교를 당했는데 화형을 당한 것으로 전해지고 있으며, 한순옥 목사의 아들도 그 후에 남한의 선교 방송을 듣다가 발각되어 순교를 당한 것으로 알려지고 있어서, 한경희 목사 가문은 3대에 걸친 순교자 가문이라는, 세계 교회의 역사에서 드문 기록을 갖게 되었다.

미국에서 목회를 하고 있는 김민수 목사가 2005년에 한경희 목사의 전기를 출판했는데 김민수 목사는 책 제목을 「만주의 사도 바울 한경희 목사」라고 하였다. 그리고 한순옥 목사의 순교에 대해서는 소설가 이건숙 사모가 「남은 사람들」(창조문예사, 2009년간)이라는 장편소설에서 생생하게 묘사하고 있다. 중조 변경 지역을 탐사하려면 단동 다음에는 집안(集安)을 거치게 되는데 한경희 목사는 1909년에는 집안에서 전도활동을 하였다.

한반도의 서쪽 끝, 조중변경지역의 출발점인 신도군이 순교자 한경희 목사님이 전도의 첫 정열을 바친 곳이라는 사실이 우리를 숙연하게 만든다.

신도군에는 신적자교회(新積子敎會)도 있었던 기록이 있는데 이 교회의 주소는 용천군 신도면 신적동(新積洞)으로 되어 있다. 현재의 신도군 황금평리 지역에 신적자개울이 있는 것으로 보아 신적자교회는 그 부근에 있었던 것 같다. 황금평리는 압록강 하구에 있는 섬인데 예전에는 갈대와 잡초가 무성하여 황초평(黃草坪: 노랑초라고도 했음)이라고 했으나, 제방을 쌓아 지금은 전체의 77%가 농경지가 되었다.

신적자교회에 대한 기록은 잘 발견되지 않는다.

우리의 기도

- 갈대 채취를 하는 이곳의 많은 주민들이 상한 갈대를 꺾지 않으시는 주님의 사랑을 깨닫게 하여 주옵소서.

- 중국과 아주 가까운 이곳의 주민들이 중국을 통해 복음을 받아들이는 일이 많아지게 하여 주옵소서.

- 한반도의 끝인 이곳에서 "서쪽에서 여호와의 이름을 두려워하겠고"(사 59:19)라는 말씀이 이뤄지게 하여 주옵소서.

02 룡천군(龍川郡)

교회들이 많아, 하나의 군이 하나의 노회〔一郡一老會〕를 이룬 곳

룡천은 2004년 4월 22일에 열차 폭발 사건이 일어나 사람들을 놀라게 한 곳이다. 열차 폭발 사건이 일어나기 전에는 룡천에 흰색과 회색빛으로 지어진 건물이 많았으나, 복구사업을 통해 푸른색, 핑크색, 하얀색 등 다양한 색으로 칠해진 집들이 많아졌다. 북의 조선중앙방송은 이 시의 복구사업을 소개하면서, "조선의 지방도시의 본보기가 되고 있다."고 말한 바 있다.

앞의 신도군 편에서, 북의 「조선중앙년감」이 '조선지리' 편에서 우리 나라의 서쪽 끝은, '섬을 넣을 때는' 평안북도 신도군 비단섬 서쪽 끝이라고 한 것을 소개했는데, 「조선중앙년감」은 이어서, 섬을 넣지 않았을

때는 우리나라의 서쪽 끝이 '평안북도 룡천군 진흥노동자구 서쪽 끝'이라고 밝히고 있다.

룡천은 압록강이 서해로 흘러들어가는 곳으로 압록강의 서쪽 끝이며 최하류(最下流)인데, 평야지대로서 쌀 생산량이 많은 곳이다. 룡천이라는 이름은 이곳이 물이 많은 고장이기 때문에 물과 관계가 깊은 상상의 동물인 용과, 고을을 나타내던 주(州)자를 지대에 따라서 바꿔 쓰던 천(川)이 합해진 것이다.

1952년 북의 행정구역 개편 때 룡천군의 서부는 피현군(枇峴郡)의 일부, 남부는 염주군(鹽州郡)의 대부분이 되었다.

현재의 룡천군은 해방 전 용천군의 용암포읍(龍岩浦邑)·북중면(北中面)·동하면(東下面)과 양하면(楊下面)·양서면(楊西面)·부라면(府羅面)·양광면(楊光面)의 일부이다.

중국 선교도 힘쓰고 인물을 많이 배출한 용천의 기독교

예전의 용천은 교회가 많은 것으로 유명하였는데 교회가 많아서 한국 교회 역사에서 최초로 '1군 1노회'를 이룬 곳이다.

룡천은 인근의 의주와 철산에서 복음을 받아들였는데, 1898년에 동문밖교회(東門外敎會)와 신창교회(新倉敎會)가 세워진 것을 출발점으로 해서 많은 교회들이 세워졌고, 1929년 10월 17일, 용천노회(龍川老會)가 평북노회에서 분립되었다.

용천노회가 조직될 당시에 교회 수 34개 처, 교인 총수 6,316명, 목사 17명, 장로 86명, 집사 18명, 서리집사 164명이었는데, 노회설립 10년 후인 1939년에는 교회 수 57개 처, 교인 총수 19,155명, 목사 38명, 장로 148명, 집사 47명, 서리집사 662명으로 부흥 발전하였다.

용천의 교회들은 인근 지역 전도뿐만 아니라 중국 동북지역 전도에도 힘썼다. 용천노회 여전도회연합회는 1935년부터 중국 영구(營口) 지역에 김광현(金光鉉) 목사를 전도목사로 파송하여 영구·대련지방 전도에 착수했다. 지금 대련시 사하구(沙河區) 흥공가(興工街) 번화한 곳에 3층 규모의 조선족교회가 우뚝 서 있는데 이 교회는 2007년 7월에 입당예배를

> 룡천이라는 이름은 이곳이 물이 많은 고장이기 때문에 물과 관계가 깊은 상상의 동물인 용과, 고을을 나타내던 주(州)자를 지대에 따라서 바꿔 쓰던 천(川)이 합해진 것이다.

> 용천노회가 조직될 당시에 교회 수 34개 처, 교인 총수 6,316명, 목사 17명, 장로 86명, 집사 18명, 서리집사 164명이었는데, 노회설립 10년 후인 1939년에는 교회 수 57개 처, 교인 총수 19,155명, 목사 38명, 장로 148명, 집사 47명, 서리집사 662명으로 부흥 발전하였다.

흥공가 예배당

대련의 조선족교회. 이 교회는 용천노회 소속이었으며 1938년 당시 주소는 대련시 청운대 143번지였다. 중국이 공산화된 이후 옥광가교회(玉光街敎會)를 비롯하여 여러 곳을 떠돌며 예배를 드리다가 성도들의 헌신과 기도로 이 교회를 지었다. 용천노회의 열심이 국제도시로 날로 번성하고 있는 대련의 중심가에 십자가가 우뚝 세워지게 했다. 2007년 7월의 입당예배는 심양서탑교회 오애은(吳愛恩) 목사가 집례했고 유관지 목사(당시 목양교회 담임)가 2부 집회를 인도하였다.

드렸다. 대련조선족교회는 1932년경에 김순도(金淳道) 집사의 집에서 예배를 드림으로 시작되었다. 이 교회의 역사 기록을 보면 '당시 교회 조직은 평안북도 용천노회에 소속되어 있다'고 적혀 있다.

1940년 말, 영구지역에는 20개의 교회가 있었고, 1941년에는 영구노회가 용천노회에서 분립해서 신설되었다.

해방 후 용천노회는 공산당의 핍박을 많이 받았다. 1945년 11월 16일에는 기독교사회민주당 용암포지구당 결당식 방해 사건이 발생해서 용암포제일교회 홍석황(洪錫璜) 장로가 순교하고 교회당이 파손되는 사건이 발생했다.

6·25 당시 월남한 용천노회의 목회자와 교인들은 1952년 대구에서 용천노회를 재건하였다 해방 후 장로교는 여러 차례에 걸쳐 분열하였으나 용천노회는 분열되지 않고 계속해서 예장 통합측에 속해 있으며, 2009년에는 노회창립 80주년 기념행사를 다채롭게 개최하였다.

일제 강점기에 교회가 많은 곳은 만세운동이 활발했고, 교육과 의료 사업이 활발했으며, 인물이 많이 배출되었다. 용천 출신 교역자와 평신도들 가운데 알려진 분들의 이름을 작고인사를 포함하여 가나다 순으로 적어보면, 교역자로는 계창봉 김건주 김광석 김국주 김도명 김세진 김청달 김치묵 박석순 백낙기 백응수 백의석 선우태민 송문정 송병조 이기혁 이낙주 이동희 이만영 이병철 이신욱 이태양 임인식 임재수 임준철 장상 조동진 차원환 한병혁 한수길 홍종섭 황광은 황득환 등이 있고, 평신도로는 김구준(교육가) 김성찬(교육가) 선우균 이도명 장기려(의료인) 장충식(교육가) 차경섭(의료인) 함석헌(종교인) 외에도 헤아릴 수 없이 많다.

1938년 장로교 주소록의 '용천노회' 편에는 56개 교회의 이름과 주소가 적혀 있는데 그 가운데 12개는 용천노회가 중국 동북지역에 세운 교회들이다.

용천노회 소속 교회들 가운데 피현군과 염주군이 된 지역들을 제외하고 현행 행정구역의 룡천군 안에 있었던 교회는 21개인데, 예전의 면 단위로 교회 이름, 설립 연도, 소재지의 순서로 살펴보고 그 지역의 위치를 현재의 행정구역 명칭을 기준으로 해서 알아본다.

용천군 용천면에는 제일교회(第一敎會 1905년 설립: 운흥동), 중앙교회(中央敎會 1931년 설립: 용암동), 중흥교회(中興敎會 설립연대 알 수 없음: 중흥동), 덕봉교회(德峰敎會 1932년 설립: 덕봉동)가 있었다.

용천면은 1939년에 용암포읍(龍岩浦邑)으로 이름이 바뀌고 군청 소재지가 되었다가, 해방 후 용암포면이 되었다. 이 지역은 현재 룡천군의 중서부 지역으로 룡암노동자구와 진흥로동자구가 있다.

용천군 양서면(楊西面)에는 용봉교회(龍峰敎會 1907년 설립: 용봉동), 견일교회(見一敎會 1936년 설립: 견일동), 동상교회(東上敎會 1908년 설립: 동상동), 신서교회(新西敎會 1910년 설립: 신서동), 북평교회(北坪敎會 1908년 설립: 북평동)가 있었다. 이 지역은 현재 룡천군의 서북부이다.

용천군 북중면(北中面)에는 장산교회(長山敎會 1924년 설립: 원송동), 추정교회(楸亭敎會 1931년 설립: 추정동), 백암교회(白岩敎會 1909년 설립: 백암동)가 있었다. 이 지역은 현재 룡천군의 중남부로서, 장산교회와 추정교회가 있던 지역은 룡천군 장산리가 되었다.

용천군 부라면(府羅面)에는 덕천교회(德川敎會 1899년 설립: 덕승리)와 운룡교회(雲龍敎會 1919년 설립: 운룡동)가 있었다. 이 지역은 현재 룡천군의 서남부지역이다.

용천군 동하면(東下面)에는 학령교회(鶴嶺敎會 1908년 설립: 학령리), 덕흥교회(德興敎會 설립연대 알 수 없음: 덕흥동), 고녕교회(古寧敎會 1906년 설립: 고녕동), 태산교회(台山敎會 1927년 설립: 태산동), 석현교회(石峴敎會: 1916년 설립: 석현동)가 있었다. 이 지역은 현재 룡천군의 중부지역이다.

용천군 양하면(楊下面)에는 양시교회(楊市敎會 1901년 설립: 시남동)와 신창교회(新倉敎會 1898년 설립: 신창동)가 있었다. 이 지역은 룡천군의 중북부 지역이다.

용천군 양광면(楊光面)에는 망양교회(望洋敎會 1930년 설립: 망양동)가 있었다. 예전의 양광면은 현재 룡천군의 중북부 지역으로, 압록강의 지류를 사이에 두고 신의주 시와 경계를 이루고 있는 지역이다.

덕천교회
1899년 10월 10일 평안북도 용천군 부라면 송현동 5번지, 현재 행정구역으로는 룡천군 덕승리에 있었다. 창설 교인은 조시저였으며, 전도인은 김건주이다. 장로로는 김용건, 황성호, 김봉국, 장인길, 김정채, 김봉세가 있었다.

신창교회
1898년 3월 1일 설립된 신창교회의 창설교인은 황국보, 황국일이다. 신창교회 역대 교역자 중 송병조 목사는 평양신학교에 입학하여 1914년 졸업과 동시에 목사가 되었고, 독립운동가로 활동하였다. 임시정부의 파수꾼역할을 담당한 송 목사님에게 1963년 건국훈장 국민장이 추서되었다.

이 많은 교회들의 이야기를 여기에 다 적을 수 없지만, 그 가운데서 제일교회와 양시교회에 대해서는 간단하게 살피고 다음으로 넘어가려고 한다.

제일교회는 용암교회(龍岩敎會)라고도 하고 용암포교회(龍岩浦敎會)라고도 하는데, 용암포가 항구로 개발됨에 따라 주민이 늘고 이주해 온 교인들이 열심히 전도하여 최현보(崔賢輔)라는 교인의 집에서 예배를 드리기 시작한 것이 이 교회의 출발이었다. 이 교회는 구세학교(救世學校)를 설립하여 교인들의 자녀들을 가르쳤다. 이 교회를 섬긴 일꾼들은 목사 차형준(車亨駿) · 송윤진(宋潤鎭) · 이기혁(李基赫), 조사 김국주(金國柱) · 김상현(金尙鉉), 전도사 장홍연(張弘璉) 등이다.

용암포교회는 해방 후 교회당을 2층 벽돌 140평으로 신축하고 날로 부흥하였고, 용암포 전체의 핵심적인 존재가 되었다. 그러나 앞에서 말한 기독교사회민주당 결성 방해 사건으로 교회가 습격을 받아 장로가 피살되고 교회당이 파손되었으며, 교인들이 경영하는 병원들이 습격받는 어려움을 겪었고 이기혁 목사를 비롯한 많은 교인들이 월남하게 되었다.

양시교회는 이치국(李致國)이라는 분이 믿고 의주군의 남산교회에 출석하며 전도를 열심히 하여 예배당을 짓고 예배를 드림으로 시작되었다. 이 교회는 보성학교(普成學校)를 운영하였다. 이 교회에는 한 여신도가 세상을 떠나면서 헌금한 돈으로 전도인을 인근지역에 파송하였고 또 한 여신도가 임종하면서 헌금한 돈으로 담장을 신축한 아름다운 기록이 있다.

휘트모어(N. C. Whittemore 한국이름 魏大模) 선교사 · 김건주(金建柱) · 최재형(崔在亨) 목사가 양시교회를 담임했다.

룡천군을 바라보면서 우리가 꼭 기억해야 할 분은 이만화 목사이다.

[이만화 목사]   이만화 목사는 6 · 25 전쟁 이후 룡천군으로 이주하여 농장원으로 일하면서 신자들을 약 500개의 점조직으로 연결하여 외딴집이나 동굴 · 산속에서 3명 내지 5명씩 모여 예배를 드리게 하였다고 한다. 1957년 8월에 제2기 최고인민회의 대의원 선거가 실시될 때 이만화 목사는 교인들에게 투표를 거부하도록 하였다.

룡천군의 투표가 부진한데 의심을 품은 북한 당국은 집중적인 수색을 하였고, 이에 따라 체포되는 사람이 늘어나자 이만화 목사는 자진 출두하여 자신이 책임자임을 밝히고 신자 10여 명과 함께 처형되었다.

북한의 선거는 주일에 실시되는데, 이만화 목사는 공산정권에 저항하기 위해서 투표 참여를 거부하도록 했다기보다 주일성수 때문에 그렇게 한 것이 아닌가 하는 짐작도 가능하다. 북한의 많은 교회는 이미 1946년 11일 3일, 주일에 실시된 선거에 참여할 것을 거부하여 큰 시련을 겪은 역사를 가지고 있다.

우리의 기도

- 룡천군에는 믿음의 후예들이 분명히 남아 있고 그 자취가 남아 있는 옛 교회당들도 일부 있을 것으로 여겨지는데 그들과 그 자취가 그루터기가 되게 하여 주옵소서.

- 룡천군에서 신앙생활을 하다가 월남한 신앙인들이 믿음의 고향을 잊지 않게 하여 주옵소서.

- 과거의 룡천군과 같이 복음이 왕성한 곳들이 머잖아 북한 전역에 많아지게 하여 주옵소서.

03 신의주시^(新義州市)

대한민국 국도1호선과 경의선의 종착점

신의주는 평안북도의 도 인민정부소재지이다. 그리고 목포에서 출발하여 현재는 임진각에서 멈춰 있는 대한민국 국도1호선(길이 1,068.3㎞)의 종착점이다. 예전에는 경의선의 종착역이기도 했다. 현재 북에서는 신의주에서 평양까지의 철로를 평의선(平義線), 평양 이남의 철로를 평부선(平釜線)이라고 부르는데, 평부선은 실제로는 개성까지만 운행되기 때문에 평성선(平城線)이라고 하기도 한다.

1947년에 신의주부가 신의주시로 개편되었는데, 1952년의 군면리 대폐합시 신의주시의 일부는 룡천군과 피현군, 의주군에 이관되었다. 동시에 의주군의 위화면(威化面)과 고성면(古城面)·위원면(威遠面) 일부, 용천군의 양광면(楊光面)·양하면(楊下面) 일부가 신의주시에 합해졌고, 2002년 9월에 신의주시와 의주군의 서호리(西湖里)·홍남리(弘南里)·대산리(臺山里)의 일부와 염주군의 다사노동자구(多獅勞動者區)·석암리의 일부, 철산군의 리화리(梨花里)·금산리(錦山里)의 일부 등이 포함되어 신의주특별행정구가 설치되었다.

신의주시는 대학이 많은 곳으로서, 차광수신의주제일사범대학(車光洙新義州第一師範大學)·신의주제이사범대학·신의주교원대학·신의주

교육의 도시 신의주시 전경

평안북도 도 인민정부소재지이며, 대한민국 국도 1호선의 종착점이다. 신의주시는 차광수신의주제일사범대학, 신의주제이사범대학, 신의주의학대학, 신의주농업대학, 신의주예술학원 등 많은 대학이 있다. 신의주와 중국의 단동을 연결하는 조중우의교(압록강철교)를 통해 대부분의 무역이 이루어진다. 통일한국에서도 신의주는 중국을 연결하는 중요한 연결통로이자 크게 발전할 도시가 될 것이다.

단동에서 바라본 신의주의 야경은 칠흑같은 암흑이고 동상이 있는 건물 주위만 유일하게 환하다. 신의주시가 하루속히 우상 대신 하나님을 찬양하는 도시가 되도록 기도해야겠다.

의학대학·신의주농업대학·신의주예술학원 등이 있다. 차광수신의주제일사범대학은 평안북도 안의 중등교원을 양성하는 사범교육기관으로, 1961년에 설립되었는데 김일성 주석과 항일 투쟁을 함께 하며 반일인민유격대 참모장을 지낸 차광수를 기념하기 위해 그의 이름을 붙였다.

장로교 중심의 도시 그러나 장감성교회가 골고루 있었던 신의주시

신의주 부근의 의주는 1885년부터 백홍준(白鴻俊)·이성하(李成夏) 등이 전도활동을 한 곳이다. 신의주도 일찍부터 그 영향을 받았겠지만 웬일인지 교회 설립은 늦었다. 신의주에는 일본인교회가 먼저 세워졌다. 일찍부터 일본인들이 많이 이주하여 일본인 집단거주지역들이 생겼기 때문인데 1910년 8월에 조직된 일본기독교회가 신의주에서 제일 먼저 세워진 교회이다.

신의주 부근의 마전교회(麻田敎會)에 출석하던 장로교인들이 교회를 따로 세우기로 하고 신의주부 매지정(新義州府 梅枝町) 8번지에 여덟 칸 예배당을 건립하고 1911년 12월에 교회를 시작하였다. 이것이 신의주제일교회(新義州第一敎會)이다. 첫 교역자는 장덕로(張德魯) 목사였으며 그

신의주제일교회
1911년 12월에 설립된 신의주제일교회는 윤하영 목사가 부임하여 크게 부흥하여 신의주를 장로교 중심도시로 발전시켰다. 1920년 4월 삼일교회를 분립하였고, 1923년 12월에는 신의주제이교회를 분립하였다. 이어 제삼교회, 제사교회, 제오교회가 분립되었다.

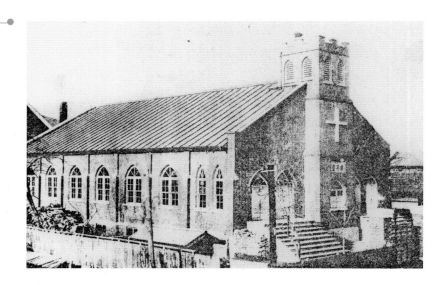

다음은 장로교 최초의 일곱 목사 가운데 한 분인 한석진(韓錫晋) 목사, 그 다음에는 윤하영(尹河英) 목사가 이 교회를 담임하며 교회를 부흥시키고 신의주를 장로교 중심의 도시로 발전시켰다.

신의주제일교회는 1920년 4월에 삼일교회(김취득 목사)를 분립하였고, 1923년 12월에는 제이교회를 분립하였는데, 초대 담임자 최득의(崔得義) 목사의 뒤를 이어 한경직(韓景職) 목사가 신의주제이교회를 담임하여 목회하다가 해방 후 월남하였다. 제일교회와 제이교회는 당시 행정구역으로 신의주부 매지정에 있었다.

이 두 교회에 이어 미륵동(彌勒洞)에 제삼교회(第三教會)·제사교회(第四教會: 1934년 설립)·제오교회(第五教會: 1937년 설립)가 설립되었다. 일부 기록에는 제육교회의 이름도 나온다.

앞에서 신의주시가 예전에 비해 많이 확장된 것에 대해 말했다. 마전교회(麻田教會: 1905년 설립)·산정교회(山亭教會: 1935년 설립)·청산교회(靑山教會)·낙원교회(樂元教會: 1908년 설립)·남원교회(南元教會)·용상교회(龍上教會: 1907년 설립)·송한교회(松鷳教會)·북하교회(北下

압록강 단교와 조중우의교
오른쪽의 압록강단교는 길이 944m. 한반도와 중국 동북지방을 연결하는 관문으로서 압록강을 사이에 둔 한·중 국경의 한 명물로 1908년 8월에 착공하고 3년 동안 연인원 5만 명을 동원하여 1911년 10월에 준공했다. 이 다리는 6·25전쟁 때 미군의 폭격으로 파괴되었다. 왼쪽에 있는 또 하나의 다리는 조중우의교로 명명되었다.

教會: 1913년 설립)·상단교회(上端敎會: 1901년 설립)는 원래 의주에 있었던 장로교회들인데 그 교회들이 있던 지역은 행정구역 개편에 따라 지금은 신의주시가 되었다.

입암교회(立岩敎會: 1904년 설립)와 덕흥교회(德興敎會: 1900년 설립)와 덕동교회(德洞敎會: 1908년 설립)는 룡천군에 있었던 장로교회들이나 그 교회들이 있던 지역도 행정구역 개편에 따라 지금은 신의주시가 되었다.

신의주 일대에 있었던 장로교회들은 의산노회(義山老會)에 속해 있었다.

신의주에는 신의주감리교회(新義州監理敎會)가 있었다. 장로교회에 출석하던 교인들 일부가 별도로 교회를 세울 계획을 품고 감리교 총리원 전도국에 목회자를 보내줄 것을 요청하였고, 총리원 전도국에서는 진남포에서 목회하던 홍현설(洪顯卨) 목사를 파송하여 1937년 7월 4일에 평북지역 최초의 감리교회인 이 교회가 세워졌다. 신의주감리교회는 처음에는 국경회관 강당에서 예배를 드렸으나 교인들이 힘써 헌금하여 미륵동 188번지의 가옥 한 채를 구입하여 예배당으로 개조했다.

신축된 신의주감리교회 예배당
신의주감리교회는 감리교 총리원에서 홍현설 목사를 파송하여 평북지역 최초의 감리교회로 세워졌다.
홍현설 목사는 뒤에 감리교 신학대학장으로 학교 발전의 기틀을 놓았다.

신의주동부성결교회

신의주동부성결교회는 1934년 7월, 신의주서부성결교회에 의해 신의주 초음동(初音洞)에 설립되었다. 초대 목회자는 김성달(金成達) 전도사였는데, 1936년 4월 이성봉(李聖鳳) 목사가 부임한 것을 계기로 교회가 크게 부흥하여 1937년 12월에는 벽돌로 지은 2층의 큰 예배당을 마련하여 모교회인 서부교회를 능가하였고, 서부지방 최대의 성결교회가 되었다.

신의주동부교회 부흥회(1940. 강사 이성봉 목사)

신의주서부성결교회

신의주 조선소

압록강변을 따라 많은 배들이 정박해 있는 것을 볼 수 있다. 배를 타고 가까이 가면 북한 주민들의 모습을 볼 수 있는데 이곳은 신의주의 조선소이며, 이곳에서 하구쪽으로 조금 더 내려가면 대규모의 해군기지가 있다.

홍현설 목사의 뒤를 이어 최경운(崔慶云)·한태유(韓泰裕) 목사 등이 신의주감리교회를 담임했다. 초대 담임자인 홍현설 목사는 뒤에 감리교 신학대학 학장으로 학교 발전의 기틀을 놓았다.

신의주감리교회의 이름은 감리교의 공식기록에는 1941년에 열린 제8회 연회록에 처음으로 등장한다. 이때는 일본의 강압정책에 의해 기독교조선감리회가 기독교조선감리교단으로 전환되고, 연회·지방회 대신에 교구제가 실시된 첫 해였는데, 이 교회는 평안동교구(平安東敎區)에 속해 있었다.

신의주에는 신의주동부성결교회(新義州東部聖潔敎會)와 신의주서부성결교회(新義州西部聖潔敎會)가 있었다.

신의주서부성결교회는 1927년 4월, 김제근(金濟根) 전도사에 의해 진사동(眞砂洞)의 작은 집에서 시작되었다. 이 교회는 1931년에 미륵동에 45평의 예배당을 건축했는데, 신도 수는 63명이고, 주일학교 학생 181명이었다. 이 교회의 처음 이름은 신의주교회였으나 1934년에 동부교회를 개척하면서 이름을 신의주서부성결교회로 바꾸었다.

김제근 전도사에 이어 한성과(韓聖果) 전도사·최헌(崔獻) 목사·황성택(黃聖澤) 목사가 시무했는데 교세가 왕성할 때는 교인이 170명에 이르

렀다. 재림사상이 유난히 강한 성결교회는 1943년 일제에 의해 강제해산 당했는데 이때 신의주서부성결교회도 문을 닫았다.

신의주동부성결교회는 1934년 7월, 신의주서부성결교회에 의해 신의주 초음동(初音洞)에 설립되었다. 초대 목회자는 김성달(金成達) 전도사였는데 1936년 4월 이성봉(李聖鳳) 목사가 부임한 것을 계기로 교회가 크게 부흥하여 1937년 12월에는 벽돌로 지은 2층의 큰 예배당을 마련하여 모교회인 서부교회를 능가하였고 서부지방 최대의 성결교회가 되었다.

이성봉 목사의 뒤를 이어 김유연(金有淵) 목사·한성과(韓聖果) 목사가 이 교회를 담임하였다. 신의주동부성결교회 역시 성결교회가 강제해산 당할 때 문을 닫았다.

위화도

고려 말 요동정벌 때 우군도통사(右軍都統使) 이성계(李成桂)가 이곳에서 회군(回軍)하여 조선을 건국하게 된 동기가 된 곳이다. 위화도는 면적 11.2㎢, 길이 9km, 평균 너비 1.4km, 둘레 21km이다. 압록강의 하중도(河中島)로서 압록강이 운반한 토사(土砂)의 퇴적으로 이루어진 섬이다. 충적토로 이루어진 위화도는 토질이 비옥하여 옥수수·조·콩·수수 등의 산출량이 많다. 그러나 주민들의 삶은 매우 힘든 것으로 느껴진다. 현재 행정구역은 윗부분은 신의주시 상단리(上端里), 아래 부분은 하단리(下端里)이다.

한국의 대표적인 부흥사 **이성봉 목사**

신의주동부성결교회를 부흥시킨 이성봉 목사는 한국교회의 대표적인 부흥사로 많은 활동을 하였는데, 신의주에서 목회할 때 태어난 딸의 이름을 지을 때 신의주의 가운데 자를 넣어 '의숙'(義淑)이라고 하였다. 이의숙은 한국도자기 회장 김동수 장로의 부인으로 교계를 위해 많은 일을 하고 있다.

성결교회는 신의주 건너 안동(현 단동)에 지교회를 개척하기도 하였다.

신의주는 기독청년운동이 활발하던 곳이었다. 이 지역의 기독청년들은 신의주기독교청년회와 신의주여자기독청년회를 조직하여 기독교정신에 의한 청년운동과 사회사업을 전개하였다.

해방 직후인 1945년 11월 23일, 신의주에서는 학생들이 공산당에게 항의하는 대규모의 시위를 벌였다. 용암포에서 있었던 기독교사회민주당 결성 방해사건에 격분한 학생들이 시위를 벌인 것인데 소련군은 기관총을 난사하고 비행기까지 동원하여 이 시위를 진압하였다. 당시 용암포자치위원회 위원장을 하다가 평안북도 자치위원회 문교부장이 된 함석헌 선생은 「씨알의 소리」 1971년 11월호에 게재된 '내가 겪은 신의주 학생 사건' 이라는 글에서 그때의 광경을,

"신의주에서 부산까지"
매년 평양 5·1경기장에서 열리는 아리랑축전에서 북한의 학생들이 "신의주에서 부산까지"라는 카드섹션을 연출하고 있다. 부산에서 신의주까지 철마가 마음껏 달릴 수 있는 그 날이 속히 오기를 간절한 마음으로 기도한다. 그 철길은 중국과 유럽 대륙으로 연결되어 세계 속의 한국을 크게 부각시킬 것이다.

총소리가 몇 방 땅땅 하고 났다. 방을 뛰어나가 정문 앞을 나가니 저기 학생들이 돌을 던지며 오는 것이 보였다. 보안부장 한웅이란 놈, 그 부하 차정삼이란 놈이 '쏴라! 쏴라!' 하면서 다급하게 하는 소리가 들렸다. 다다다다, 학생들이 티끌을 차며 도망쳤고 문앞까지 들어왔던 몇이 꺼꾸러졌다. 그 광경을 보고 저기 멀건이 보고 있는 사람들이 있건만 아무도 가까이 오려지도 않았다. 청사 안에 직원도 여러 백 명이건만 어디 간지 뵈지도 않았다. 하는 수 없이 나는 사무실로 뛰어들어가 문교부 직원 몇을 데리고 나왔다. 가 보니 셋이 넘어 있지 않나. 까만 교복에 모자를 쓴 채 엎어진 것도 있고 자빠진 것도 있었다. 쓸어안아 일으켰다.
죽었구나! 죽었구나! 26년이 지난 오늘 이 글을 쓰면서도 쏟아지는 눈물을 막을 길 없어 글씨를 완전히 이룰 수 없지만 그때는 눈물도 나올 수 없

었다. 아직도 따끈따끈한 몸인데 눈을 빤히 뜨고 말이 없었다. 왜 죽었
냐? 왜 죽였나?

둘은 벌써 숨이 끊어졌고 하나는 아직 숨기절이 있었으나 가망이 있어
뵈지 않았다. 그래도 우리는 몇이서 병원으로 안고 갔다. 그 이름들이 무
엇이던지 오늘까지도 모른다.

병원에서 돌아와 도청 정문에 오니 한 사람이 앞을 막아서더니 "이것만
이오. 더 큰 것을 보겠소. 갑시다." 했다. 직감적으로 알기를 했지만 비겁
하게 회피하고 싶지 않았다. "그럽시다." 따라가니 간 곳은 문제의 공산
당본부였다. 뜰에 썩 들어서니 몇인지는 알 수 없으나 까만 교복을 입은
것들이 여기 저기 쓰러져 있었다. 그때 인상으로 한 이십 명은 될까? 소
련 군인이 뜰에 꽉 차 있었다.

라고 생생하게 적었다.

함석헌 선생은 그 뒤 유치장 출입을 여러 번 하였고, 1947년 2월에 월
남을 결행하였다.

신의주 학생의거는 해방 후 최초의 조직적인 반공투쟁이었는데, 정부
는 이 의거가 일어난 11월 23일을 반공학생의 날로 제정하였다.

여러 교파의 많은 교회들이 있었고, 그 교회들이 활발하게 활동하던
곳, 그러나 지금은 교회가 하나도 없는 곳, 신의주를 바라보는 우리의 마
음은 안타깝고 착잡하다.

우리의 기도

- 목포에서 출발하는 국도 1호선과 서울에서 출발하는 경의선이 군사분계선 부
근에서 멈추지 말고 신의주까지 힘차게 달리는 날이 속히 오게 하여 주옵소서.

- 국경도시에는 숨어서 모이는 신앙공동체들이 있다는 이야기를 듣습니다. 그
들을 안전하게 지켜 주시고, 카타콤 성도들이 300년의 박해를 이긴 것을 생
각하며 믿음을 지키게 하여 주옵소서.

- 신의주를 통해 북으로 들어가는 교회와 대북협력 기독교 단체들의 지원 물품
이 목적에 맞게 잘 쓰이게 하시고 그 속에 그리스도의 사랑이 녹아 있는 것
을, 받는 이들이 알게 하여 주옵소서.

··04 의주군(義州郡)

기독교 북방전래의 관문

조선조 때 의주는 북방경비의 중요한 거점이었고 중국(명·청) 무역의 관문이었다. 의주는 1907년에 평안북도의 도청소재지가 되었으나, 인근의 신의주가 확장되어감에 따라 1921년에 도청이 신의주로 이전하였다.

현재의 의주군은 북이 행정구역 개편을 실시한 1952년 이전에 비해 많이 축소되었다. 예전 의주군 서부의 위화면(威化面)과 고성면(固城面)·위원면(威遠面)의 일부는 신의주시에 흡수되었고, 동부인 광평면(廣坪面)과 가산면(加山面)·옥상면(玉尙面)의 일부는 삭주군(朔州郡)에, 동남부인 고녕삭면(古寧朔面)은 천마군(天麻郡)에, 남부인 피현면(枇峴面)과 위원면·고관면(古館面)·월화면(月華面) 일부는 피현군으로 갈라져 나갔다.

원래 의주군의 의주읍과 송장면(松長面)과 수진면(水鎭面)·고성면·고관면·가산면·옥상면 일부가 현재의 의주군을 이루고 있다.

룡천평야에 자리 잡고 있는 의주는 농업기계화가 발달하여 단위당 생산량이 북에서 1, 2위를 다투는 농업지구이다.

의주는 육운과 수운이 모두 편리한 곳이다. 남신의주와 덕현을 연결하

● 의주읍 전경
룡천평야에 자리 잡고 있는 의주는 농업기계화가 발달하여 단위당 생산량이 북에서 1, 2위를 다투는 농업지구이다. 이곳 의주를 통해 한반도에 복음이 들어오기 시작하여 평양을 동방의 예루살렘으로 만들었다.

는 덕현선(德峴線) 철로가 의주를 통과하고, 신의주를 비롯해서 인근의 중요 도시들을 연결하는 도로가 통하고, 압록강을 이용하는 화객선이 신의주와 청수(靑水)를 오간다.

의주서교회: 한국의 모교회 가운데 하나

1938년 장로교 주소록에 따르면 당시의 의주군 안에는 44개의 교회가 있었다. 그 가운데 현재의 의주군 지역에 있었던 16개 교회를 찾아본다.

의주군 의주읍에는 동교회(東敎會 1907년 설립: 동외동 79번지)와 서교회(西敎會 1886년 설립: 홍서동)가 있었다.

예전의 의주읍은 현재 의주군의 중북부로서 압록강이 가까운 곳이다.

의주군 주내면(州內面)에는 청전교회(靑田敎會 1906년 설립: 청전동 현 서호리)가 있었다.

의주군 수진면(水鎭面)에는 용운교회(龍雲敎會 1906년 3월 5일, 의주읍교회에서 분립, 용운동 현 용운리) · 송천교회(松川敎會 1908년 3월 13일 설립: 송천동 401번지, 현 미송리) · 미산교회(美山敎會 1902년 의주서교회에서 분립, 미산동, 현 미송리) · 수구교회(水口敎會 1908년 설립: 수구동 272번지, 현 대화리)가 있었다. 예전의 수진면은 현 의주군의 동북부지역이다.

의주군 송장면(松長面)에는 창원교회(昌元敎會 1911년 설립: 창원동, 현 연무리) · 소수교회(小水敎會 1916년 설립: 소수동, 현 소수리) · 운천교회(雲川敎會 1905년 설립: 운천동, 현 운천리) · 금광교회(金光敎會 설립연도 알 수 없음: 금광동)가 있었다. 예전의 송장면은 현재 의주군의 중앙지역이다.

의주군 옥상면(玉尙面)에는 삼화교회(三化敎會 설립연도 알 수 없음: 삼하동, 현 삼하리)가 있었다. 예전의 옥상면은 현재 의주군의 동북 지역으로 삭주군에 가까운 곳이며 내옥천(內玉川)이 흐르는 곳이다.

의주군 고관면(古館面)에는 춘곡교회(春谷敎會 1908년 설립: 춘곡동, 현 춘산리) · 횡산교회(橫山敎會 1907년 설립: 호동) · 중단교회(中端敎會 1900년 설립: 중단동, 현 중단리이며 학교마을이라고도 한다)가 있었다.

용운교회
1906년 3월 5일 의주읍교회에서 분립된 교회로 창설교인은 김득길, 이경집, 김봉진이며, 명신(明信)학교를 설립 운영하였다. 압록강변에 위치한 용운리는 의주읍에서 7km 떨어진 곳에 있다.

송천교회
1908년 3월 1일 의산교회에서 분립한 교회로 정군모 부부가 설립하였다. 1933년 김하원 목사를 모시고 부흥회를 연 결과 큰 은혜를 받아 건축 헌금 80여 원이 나와 벽돌성전 30평을 건축하였다. 미송리는 천제산 기슭에 있는 마을로 솔봉마을이라고도 한다.

이 교회들 가운데 우리가 꼭 살펴야 할 교회가 한국의 모교회(母教會) 가운데 하나인 의주서교회이다. 이 교회의 처음 이름은 의주읍교회였는데, 이 교회는 최초의 기독교 신자인 백홍준(白鴻俊) 등 5, 6명이 모임으로 시작되었다. 초대 교역자는 백홍준 조사, 그 다음에는 김관근(金灌根) 조사가 시무하였고 1897년부터 베어드(W. M. Baird 한국 이름 裵緯良) 선교사가 교회를 인도하면서 더욱 부흥하였다.

의주서교회는 양실학원을 세워 교육에 힘썼다. 교회가 계속 부흥함에 따라 의주동교회를 분립했으며 부근 지역과 중국 동북지역에 전도인을 파송했다. 김창건(金昌鍵)·김영훈(金永勳)·홍하순(洪河順) 목사 등이 이 교회를 담임하였다.

의주서교회에서 분립한 의주동교회는 3·1운동 당시 민족대표의 한 분이었던 유여대(劉如大) 목사로 인하여 더욱 빛을 발하고 있다. 유여대 목사의 지도 밑에 3월 1일 양실학교 교정에 모인 1천여 명 군중은 독립선

언서가 낭독된 다음 만세를 부르면서 시가행진을 하였는데 이렇게 시작된 만세운동이 5월까지 38회에 걸쳐 연 인원 6만 명이 참가하는 시위로 확산되었고 31명의 사망자, 350명의 부상자가 발생했으며, 피검자는 1,385명에 달했다.

여기에서 잠깐 의주서교회가 설립한 양실학교에 대해 살펴보자.

> 양실학교는 의주 지역의 기독교 지도자들이 1905년에 설립한 교육기관으로, 처음 이름은 양실학원이었다. 학교가 설립된 다음에 의주의 교인들은 평북중학회란 후원단체를 조직하고 모금을 하여 양실학원을 대폭 확장했는데, 의주읍의 공신(功臣)후예들이 공신(功臣) 제사터를 기부한 것을 비롯하여, 많은 사람들이 집과 토지를 바치며 뜨거운 교육열을 보여 주었다. 양실학교는 먼저 설립된 일신학교(日信學校 1899년에 설립된 의주 최초의 신교육기관)·의신소학교(義信小學校 1902년 설립)와 배신여학교(培信女學校)를 흡수하고 고등소학부(3년)·중학부(3년)·심상소학부(4년)의 학제를 갖춰 의주 최대의 사립교육기관으로 성장하였다. 일본유학을 마치고 이 학교 교원으로 부임한 민족운동가 최광옥(崔光玉) 등의 영향으로 양실학교는 민족교육의 요람이 되었다. 한때는 학생 수가 1천여 명에 이르렀으나 양실학교가 독립운동의 중심에 있는 것을 못마땅하게 여긴 일본 당국의 압력으로 학생 수가 85명으로 줄어든 일도 있었다.
>
> 양실학교는 지금도 운영되고 있는데 1978년에는 이 학교 안에 혁명사적관이 문을 열었다. 이 사적관에는 김일성 주석의 아버지 김형직 선생이 양실학교 마당에서 반일강연을 하는 화상이 전시되어 있다. 김형직 선생은 1912년 8월에 양실학교를 방문했으며, 그 이후에도 여러 번 의주를 방문하여 항일활동을 하였다고 한다.

의주의 교회들은 의료·문화·사회사업 등에 있어 주도적 역할을 하였는데 1920년에는 장창식(張昌植)의 수명의 발기로 의주기독청년회(YMCA)가 조직되어 기독교운동과 청년사회운동, 지역사회개발사업에

● **호산장성에서 바라본 의주군 룡계리**
1952년 군면리 대폐합시 의주군 수진면의 룡운리와 석계리를 병합하여 신설한 리로써 밭농사와 양잠업이 발달한 곳이다. 뒤에 보이는 산은 거무산(247m)이다. 앞에는 섬들로 이루어진 룡운리가 있다.

크게 공헌했다.

일제가 신사참배를 강요하고 대부분의 교회들이 이에 굴복할 때 의주 출신 이기선(李基善) 목사가 전국을 순회하며 신사참배 반대에 앞장섰다.

의주의 장로교회들은 처음에는 평북노회에 속해 있었으나 1918년에 의산노회(義山老會)가 분립함에 따라 의산노회에 속하게 되었다. '의산'이라는 이름은 '의주에서 삼산까지'라는 뜻인데 의산노회에서 삼산노회(三山老會)와 중국 동북지역의 봉천노회(奉天老會)·안동노회(安東老會)가 분립된 것을 보아도 이 지역의 교회들이 얼마나 왕성했는지를 알 수 있다.

해방 후 맞이한 첫 번째 3·1절인 1946년 3월 1일, 의주의 교인들은 공산정권의 사전 금지경고를 무시하고 의주동교회에서 3·1절 기념예배를 드렸다. 공산정권은 예배를 방해했고, 이 예배의 사회를 본 김석구(金錫九) 목사는 우차에 실려 짐승처럼 조롱을 당하며 끌려 다녔는데, 의산노회장 김관주(金冠柱) 목사는 굴하지 않고 공산도당 성토대회를 여는 등 계속해서 맞서다가 순교 당했다. 김관주 목사는 현재 강변교회 원로목사이며, 한국복음주의협의회 회장인 김명혁(金明赫) 목사의 선친이다.

이와 같은 일들로 의주의 교회와 교인들은 공산정권으로부터 무서운

일보과(一步跨)에서 바라본 의주 어적도(於赤島)의 봄

중국 호산장성 옆에는 한발(일보)만 건너면 북한 땅이라는 일보과가 있다. 일보과 건너가 북한 땅 의주군 어적도이다. 봄을 맞이하여 씨를 뿌리는 어적도 농민들의 모습이 정겹다. 왼쪽 산위에 보이는 정자(원내)가 북한 국보 문화유물 제51호인 통군정이다.(2009. 5. 1촬영)

호산장성에서 바라본 어적도의 여름

같은 해 여름 호산장성에 올라 봄에 뿌린 곡식의 성장 상태를 살펴보았다. 의주 건너편 중국의 옥수수는 풍년을 기약하고 있는데, 북한의 옥수수는 잘 자라지 못한 모습이 대조적이었다. 북한은 땅도 저주를 받아 식물이 제대로 자라지 못하고 있는 것 같아 마음이 무척 아팠다.(2009. 8. 13. 촬영)

탄압을 받았다.

　의주에는 고적이 많은데 그 가운데에서도 통군정(統軍亭)은 관서팔경(또는 서도팔경)의 하나로 꼽힌다.

　의주라는 지명의 유래에 대해서는 두 가지 설이 있는데, 하나는 고구려 시대 이곳의 이름이 화의(和義)였는데 거기에서 '의'를 따고 고을을 뜻하는 '주'를 붙였다는 설이요, 하나는 12세기 초에 이곳에 있던 이방부족의 우두머리가 많은 물자와 함께 고려에 투항하자 고려의 예종이 기뻐하며 '의로운 고장'이라는 뜻으로 의주라고 부르도록 했다는 설이다.

우리의 기도

- 성경에서 '의'는 구원을 의미하는데 의주가 이름 그대로 의로운 고을, 구원의 고을이 되게 하여 주옵소서.
- 의주 출신 신앙인들과 그 후손들이 고향의 복음화를 위한 기도를 쉬지 말게 하여 주옵소서.
- 오늘날 압록강변에서 의주를 바라보는 사람들이 바벨론의 강가에서 시온을 생각하며 울던(시 137:1) 마음을 갖게 하여 주옵소서.

05 삭주군(朔州郡)
"예수 천당!"의 최권능 목사가 회심한 곳

삭주는 우리가 잘 알고 있는 수풍발전소가 있는 곳이다. 행정구역 개편 이전의 삭주군은 남북의 길이가 70km에 달했으나, 행정구역 개편 때 남부의 남서면(南西面)·외남면(外南面)·양산면(兩山面)과 수동면(水東面)의 일부가 대관군(大館郡)으로 분립했고, 의주군의 동부인 광평면(廣坪面)과 가산면(加山面)·옥상면(玉尙面)의 일부가 삭주군으로 남는 변화가 있었다.

이 책에서 이미 여러 번 '로동자구'라는 행정단위 이름이 나왔는데, 북에서는 로동자구에 대해 "주민의 대다수가 로동자들로 이루어진 지역에 조직된 군 밑의 말단행정구역. 주체 41(1952)년에 조직. 로동자구에는 로동자구사무소가 있어 로동자들에 대한 일반주민행정사업과 후방공급사업을 맡아 수행한다."(「조선대백과사전」)라고 말한다.

삭주군 안에는 남사로동자구(南社勞動者區)·대대로동자구(大垈勞動者區)·사평로동자구(沙坪勞動者區)·수풍로동자구(水豊勞動者區)·청성로동자구(淸城勞動者區)·청수로동자구(靑水勞動者區), 여섯 개의 로동자구가 있다.

로동자구는 성인 주민이 400명 이상이며 그들의 65% 이상이 노동자

삭주군 청수로동자구

압록강의 푸른 물이 감돌아 흐르는 강기슭에 위치한 마을이라 하여 청수동이라 하였다. 1930년 말 화학공장이 건설되면서 중요한 화학공업도시가 되었다. 카바이드, 석회질소비료, 용성인비료 및 기타 각종 시약품을 생산하는 청수화학공장과 청수시멘트공장, 청수일용품공장 등이 있다. 북한의 중요한 비료생산 기지인 이곳 청수화학공장의 붕괴는 북한 농업의 붕괴로 이어져 식량난을 가중시켰다.

청수로동자구에는 1917년에 설립된 청수교회가 있었다. 또한 삭주는 예수천당의 최봉석 목사가 예수를 믿은 곳이다. 예수천당의 우렁찬 목소리가 시작된 삭주에서부터 시작하여 북한 전역에 예수 천당을 외칠 수 있는 날이 속히 오도록 기도해야겠다.

수풍댐
낙차가 106m인 수풍댐은 1944년에 준공되었는데 둘레 1,074.7㎞, 넓이 298.16㎢로 우리나라 최대의 인공호이다. 수풍호는 6·25 때 파괴되었는데 러시아의 원조로 복구했다. 여기에서 생산되는 전력은 북과 중국이 50%씩 나누어서 사용하는데 북과 중국은 압록강의 수자원을 공동으로 개발, 이용하기 위해 1955년에 조중수력발전이사회를 설립하여 운영하고 있다

인 공업단지, 광산지대, 탄광지대, 염전지대, 임산기지, 발전소, 어장, 농장 등에 조직되는데, 삭주군은 발전소에서 일하는 노동자들이 많아 이렇게 된 것으로 보인다.

로동자구는 군 밑의 행정구역으로서 리보다는 상위여서, 리에서 노동자구가 되었을 때는 승격이라는 말을 쓰는데 수풍로동자구와 청수로동자구는 1953년에 수풍리와 청수리가 승격한 것이고, 대대로동자구는 1978년에 대대리가 승격한 것이다. 대대로동자구에는 기후요양지(氣喉療養地)로 유명한 삭주온천이 있다. 청성로동자구는 청성군이 1974년에 폐지되면서 청성읍이 개편된 곳이다.

삭주군에는 수풍발전소를 비롯해서 안변청년발전소·태천발전소가 있으며 전력공업과 화학. 공업이 발달했고 석회석 채굴도 지방 경제에서 큰 몫을 차지하고 있다.

삭주군은 정주에서 청수까지 가는 평북선과 부풍역에서 수풍호로 가는 수풍선이 통과하고 압록강과 평행해서 달리는 간선도로도 있는데, 무엇보다도 수풍항을 이용하여 여러 곳으로 가는 여객선 운항이 활발하다.

낙차가 106m인 수풍댐은 1944년에 준공되었는데 둘레 1,074.7㎞, 넓

이 298.16㎢로 우리나라 최대의 인공호이다. 수풍호는 6·25 때 파괴되었는데 러시아의 원조로 복구했다. 여기에서 생산되는 전력은 북과 중국이 50%씩 나누어서 사용하는데 북과 중국은 압록강의 수자원을 공동으로 개발, 이용하기 위해 1955년에 조중수력발전이사회를 설립하여 운영하고 있다.

삭주의 교회와 인물들

삭주군에 있었던 교회들을 살펴보자.

예전 행정구역으로 삭주군 삭주면에는 삭주읍교회(朔州邑教會 1896년 설립: 현 삭주읍)·석교교회(石橋教會 1924년 설립: 대대동, 현 대대리)가 있었다. 삭주읍교회에 대해서는 뒤에 다시 살피게 된다.

예전의 삭주면은 현재 삭주군의 중북부 지역으로 삭주읍교회가 있었던 서부동이 있던 곳은 지금은 삭주읍이 되었고, 앞에서 말한 평북선(平北線)이 통과하고 있다. 평북선은 정주군과 수풍발전소가 있는 청수를 연결하는 길이 120.5㎞의 산업철도인데 평북 내륙지방을 통과하기 때문에 평북선이라는 이름을 갖게 되었다.

삭주의 철길(평북선)

북한의 철도는 대부분 일제시대에 만들어진 것으로 너무 낡아 열차가 제대로 달리지 못하고 있는 실정이다. 북한은 산악지대가 많아 협궤(좁은 철길)도 적지 않다. 통일이 되면 최우선적으로 철도와 도로, 항만 등을 개보수하게 될 것이다. 이 철도를 따라 복음도 힘차게 달릴 수 있기를 기원한다.

북한철도 현황

표준궤 (1,435mm)	– 4,557km
협 궤 (762mm)	– 523km
광 궤 (1,523)mm	– 134km
총	– 5,224km

석교교회
1924년 3월 15일 설립된 석교교회는 박관훈 장로(1926년 11월 1일 장립)와 1940년대에 시무한 김영로란 분의 이름이 기록만 남아 있다.

삭주군 구곡면(九曲面)에는 신안교회(新安教會: 신안동 소재)·연평교회(延坪教會: 연평동 소재 현 연삼리)가 있었다. 예전의 구곡면은 현재 삭주군의 중앙지역으로 역시 평북선의 선로변이다.

삭주군 수풍면(水豊面)에는 수풍교회(水豊教會: 1927년 설립)가 있었다. 수풍교회는 수풍수력발전소 공사로 수풍면이 발전함에 따라 삭주읍 내 굴지의 교회로 성장했다.

의주군의 동부인 광평면(廣坪面)과 가산면(加山面)·옥상면(玉尚面)의 일부가 삭주군이 된 것을 앞에서 말했는데 의주군 광평면에는 청성진교회(淸城鎭教會 1922년 설립: 청성동 536번지, 현 청성로동자구로 태평만 저수지가 건설되었고, 수양버들이 많아 수양버들골이라고 한다)·청수교회(靑水教會 1917년 설립: 청수동 551번지, 현 청수로동자구)·상광교회(上廣教會: 상광동 472번지, 현 상광리)가 있었고, 의주군 가산면에는 방산교회(方山教會 1905년 설립: 추동)·도령교회(都嶺教會: 1914년 설립: 도령동 16의 2)가 있었고, 의주군 옥상면에는 백의교회(白衣教會: 중대동 98번지)·상목교회(裳木教會 1906년 설립: 상목동)가 있었다. 이 지역은 현재 삭주군의 서부를 이루고 있다.

삭주읍교회
삭주의 모교회인 삭주읍교회는 삭주의 한의사 백유계가 친척인 양전백에게서 복음을 듣고 기독교 서적을 가지고 와서 전도하여 신자들이 생겼고, 이들이 1896년 최익형의 집에서 예배를 드림으로 시작되었다.

삭주의 기독교 역사는 삭주읍교회(朔州邑教會)의 설립과 함께 시작되었다. 삭주의 한의사인 백유계(白留溪)가 친척인 양전백(梁甸伯)에게서 복음을 듣고 기독교 서적을 많이 가지고 돌아와서 전도한 결과 신자들이 생겼고, 이들이 1896년에 최익형(崔益亨)의 집에서 예배를 드리기 시작한 것이 삭주읍교회의 시작이었다.

삭주군의 모교회인 삭주읍교회는 수난을 많이 받은 교회였다. 3·1운동 때 삭주의

기독교는 천도교와 손을 잡고 만세운동을 벌였는데 일본인들은 이에 대한 보복으로 4월 11일, 삭주읍교회에 불을 질러 교회당이 전소되는 수난을 겪었고, 광복 후에는 신탁통치 반대로 다시 모진 박해를 받았다.

현재의 삭주군 안에 예전에 있었던 교회들 가운데 원래의 의주군에 있었던 교회들은 의산노회에 속해 있었고 원래의 삭주군에 있었던 교회들은 삼산노회(三山老會)에 속해 있었다. 삼산노회는 1934년에 의산노회에서 분립했는데 벽동군(碧潼郡)·삭주군(朔州郡)·창성군(昌城郡)에 있는 장로교회들을 관할했다.

삼산노회는 삼산중학교(三山中學校)를 세워 운영했는데 이 학교는 삭주읍교회 안에 있었다.

삭주를 바라보며 우리는 세 인물을 추모하게 된다. 한 분은 양전백 목사이다. 앞에서 말한 것과 같이 양전백 목사가 친척인 백유계에게 복음을 전한 것이 삭주 기독교의 첫걸음이 되었기 때문이다.

평양장로회신학교 제1회 졸업생들(원내가 양전백 목사)

양전백 목사

양전백 목사는 의주에서 태어나 구성(龜城)에서 살았는데 유교 집안에 출생하여 한학에 능해 서당 훈장으로 있었다. 전도하는 사람의 안내로 서울에서 열린 도사경회에 참석한 것이 계기가 되어 신앙을 갖게 되었으며 구성에 돌아와 신시교회(新市敎會)를 세웠다.

양전백은 1898년에 선천으로 이주하였는데 그 이후 선천이 그의 사역지가 되었다. 양전백이 백유계에게 전도를 한 것은 선천으로 이주하기 얼마 전의 일로 보인다. 양전백은 선천에서 선천북교회 장로·명신학교(明信學校) 교장·신성학교 설립 등 여러 일을 하면서 평양신학교에서 공부하고 1907년에 1회로 졸업하여, 한국 장로교 최초의 일곱 목사 가운데 한 분이 되었다. 평북의 전도목사를 거쳐 1909년부터는 선천북교회 담임목사로 시무하였다.

양전백 목사는 일제가 한국의 민족운동가들을 박해하기 위해 날조한 105인 사건으로 옥고를 겪었고, 3·1 운동 당시 민족대표의 한 분으로 독립선언서에 서명하였는데 이 일로 다시 감옥생활을 하였다.

한 분은 '예수, 천당!'으로 유명한 최봉석(崔鳳奭) 목사이다. 최봉석 목사가 회심한 곳이 바로 삭주이기 때문이다.

예수천당의 최봉석 목사

본명보다 최권능(崔權能)이라는 별명으로 더 알려진 최봉석 목사는 평양에서 출생해서 평양 관아에서 관리생활을 하다가 잘못을 저지르고 삭주로 유배되었다. 거기에서 울분과 실의에 차서 지내다가 백유계를 만나게 되는데, 둘째 아이를 낳았을 때 약을 지으러 가서 알게 된 사이에서 만남이 이뤄졌다는 설도 있고, 최봉석이 싸우다가 심하게 다쳐, 백유계의 약국을 찾아갔다는 설도 있다.

백유계의 전도로 예수를 믿게 된 최봉석은 삭주읍교회에 출석하여 집사가 되었고 앞에서 소개한 양전백의 소개로 매서인이 되어 평안북도 북부 일대와 중국 동북지역을 다니며 전도하였다.

최봉석은 평양신학교를 1913년에 졸업(6회)하고 벽동읍교회 담임목사를 거쳐 만주 전도목사로 임명받아 중국 동북지역 28처에 교회를 세웠다. 그 이후에는 평양에서 만나는 사람마다 '예수 천당'을 외치며 전도하다가 신사참배 반대로 투옥되어 모진 고문을 받았는데 옥중에서도 '예수 천당!' 외치기를 쉬지 않았다. 최봉석 목사는 고문과 40일 금식기도의 후유증으로 세상을 떠났는데, 그가 평생 세운 교회는 70여 처에 이르렀으며 그가 남긴 감동적인 일화는 헤아릴 수 없을 정도이다. 이 위대한 전도자에게 있어서 삭주는 믿음의 고향과 같은 곳이었다.

압록강변의 춘경(春耕)

마지막 한 분은 미 북장로교의 램프(H. W. Lampe 한국이름 南行理)이다. 램프 선교사는 1908년에 한국에 와서 선천(宣川) 선교부에서 일했는데 삭주읍교회가 설립될 때 초대 담임교역자였고, 뒤에 삼산노회를 조직하기 위해 많은 수고를 했으며 초대노회장을 지냈다. 그는 일본의 선교사 강제추방 당시 한국을 떠났다가 해방 직후인 1946년 다시 한국에 와서 청주에서 교회를 재건하는 일과 문서선교에 힘쓰다가 1948년에 은퇴하였다.

삭주라는 이름에서 '삭'(朔)은 초하루라는 뜻을 가지고 있으면서 북쪽이라는 뜻도 있어서 겨울철에 북쪽에서 불어오는 찬바람을 삭풍(朔風)이라고 부르며, 북쪽에 있는 땅을 삭지(朔地)라고 부른다. 이곳의 지명이 삭주가 된 것도 이곳이 청천강 북쪽이기 때문인데, 그런 곳까지 찾아와 복음을 전한 이방인 선교사의 수고를 우리는 잊을 수 없다.

중국 쪽 하구(河口)에서 배를 타고 수풍댐까지 1시간 30분 가량 갈 수 있는데 이때 오른쪽으로 보이는 곳이 예전의 청수읍(靑水邑), 지금은 청수로동자구로 이름을 바꾼 곳이고, 이어 수풍로동자구를 바라보게 된다. 배의 선장은 일부러 북한쪽 가까운 곳으로 배를 운항한다.

가까이에서 북을 볼 수 있는 것은 좋지만, 지금 삭주군에 교회는 하나도 없다는 것을 생각하면 마음이 한없이 삭막해진다.

압록강에서 고기잡는 어부
청수로동자구 앞 압록강에는 고기를 잡는 북한의 어부들을 자주 볼 수 있다. 예수님께서 갈릴리 바닷가에서 고기잡던 베드로, 안드레, 요한, 야고보를 제자 삼으셨던 것처럼 북한 땅에서도 사람을 낚는 어부들, 전도인들이 많이 생기기를 기원한다.

우리의 기도

• 수풍댐이 전기를 공급하는 주요기지인 것처럼, 삭주가 북에 영적 에너지를 공급하는 곳이 되게 하여 주옵소서.

• 이곳에 와서 수고한 램프 선교사의 후손들에게 복을 주옵소서.

• 삭주군의 여러 로동자구에서 일하는 로동자들이 "수고하고 무거운 짐진 자들아 다 내게로 오라 내가 너희를 쉬게 하리라"(마 11:28)라는 말씀을 기억하게 하여 주옵소서.

06

창성군(昌城郡)
'벽창호' 라는 말의 유래가 된 산간오지

'**벽**창우' (碧昌牛)라는 말이 있다. 사전에서 이 말을 찾아보면 먼저 '평안북도의 벽동(碧潼)·창성(昌城) 지방에서 나는 크고 힘이 센 소' 라고 풀이되어 있고, 이어 '성질이 무뚝뚝하고 고집이 센 사람을 일컬음' 이라는 풀이가 붙어 있다. 그리고 이 말이 변해서 '벽창호' 가 되었다는 설명이 뒤따르고 있다.

벽창우의 유래가 된 창성은 압록강변에 있는데, 여러 면에서 낙후된 산간오지로서, 북의 자료들은 창성군을 한결같이 '평안북도에서 이름난 산간지대' 라고 말하고 있다. 북의 「조선대백과사전」은 창성군은 산지가 군 면적의 95%, 산림은 군 면적의 80%라고 적고 있다. 농경지는 군 면적의 5%

로 평안북도 안에서는 경작지가 제일 적은 곳이다.

강남산맥과 피난덕산맥(避難德山脈)이 창성군을 지나고 있으며 높이 1,479m의 비래봉(飛來鳳)을 비롯하여 높은 산들이 군 안팎에 있는데, 깊은 산 속에서 채집한 산나물과 산과일을 가공하여 식료품을 생산하는 창성식료공장은 창성군의 중요업체로 꼽히고 있다. 창성은 철도가 지나지 않아 교통이 불편한 편이다.

수풍댐이 건설될 때 창성군의 전창면과 창주면은 수몰되었고, 1952년 행정구역 개편 때 남부의 동창면(東倉面)과 대창면(大倉面), 청산면(青山面)·신창면(新倉面)의 일부는 동창군(東倉郡)이 되었으며, 청산면 일부는 태천군(泰川郡)에 편입되었다.

현재의 창성군은 예전 창성군의 창성면과 신창면 일부이다. 창성은 오지이지만, 주변에 기독교가 강한 지역들이 있어 일찍부터 복음이 전해졌다.

● 벽창우
창성은 '크고 힘 센 소' 벽창우의 고향이다. 이곳 사람들은 '성질이 무뚝뚝하고 고집 센 사람'들이 많은 곳이었나 보다. 하나님께서는 심지가 굳은 사람들을 쓰는데 창성 사람들이 바로 그렇지 않을까….

교회가 여럿 있었고 민족운동의 중심이었다.

현재의 창성군에 예전에 있었던 교회들을 찾아본다.

창성군 창성면에는 창성읍교회(昌城邑教會 1897년: 성풍동 소재, 현 창성읍)·평로교회(坪路教會)·갑암교회(甲岩教會 1936년 설립: 갑암동 소재, 현 갑암리)·남창교회(南倉教會: 평암동 소재)가 있었다.

창성군의 창주면(昌州面)에는 사창교회(私倉教會 1905년 설립: 사창동 소재)·전창교회(田倉教會 1915년 설립: 신평동 소재)가 있었다.

창주는 창성의 고려 때 이름이다. 창성이라는 이름은 조선조 초기에 창주와 니성만호부(泥城萬戶府)를 합할 때 두 이름에서 한 글자씩 따서 만든 것이다. 창주면은 앞에서 말한 것과 같이 수풍댐이 건설될 때 수몰되었다. 우리가 바라는 것 가운데 하나는 북에 옛 교회당이 일부라도 남아 있어서 통일이 되면 그리운 옛 모습을 대할 수 있는 것인데, 이 교회들은 그럴 가망이 아예 없어졌다.

창성군 우면(祐面)에는 의산교회(義山教會: 인산동 소재, 현 인산리)·

● 사창교회
1905년 12월 24일 창성군 사창동에 세워진 교회로 김상조, 김인택 등 10여 명이 설립하였다. 1933년 한식 2층, 새 성전 총 공사비 4,000원을 들여 건축하였다. 교역자로는 1940년대 이원범이란 분이 섬겼고, 장로로는 전봉신, 김창규, 홍득홍이 섬겼다.

옥계교회(玉溪敎會: 옥계동 소재)가 있었다. 우면은 고을의 오른쪽에 있다는 뜻인데 1940년에 창성면에 편입되었다. 창성군과 동창군을 연결하는 도로가 이 지역을 통과하고 있다.

창성군 신창면(新倉面)에는 완풍교회(完豊敎會 1918년: 완풍동 소재)가 있었다. 신창면은 '나라의 창고가 있던 곳'이라는 뜻이다.

창성읍교회

1897년 박병호의 집에 모여 예배드리기 시작한 것이 창성군의 모교회인 창성읍교회의 출발이었다.
1924년 4월부터 여성도들도 적성회(積成會)를 조직하여 4년간 건축헌금을 봉헌하고 재목과 벽돌을 마련해서 새 성전을 건축하였다.
통일이 되면 창성읍교회 건축의 아름다운 역사는 큰 귀감이 될 것이다. 북한교회 재건은 건물을 지어주는 것보다 복음을 전해 들은 성도들이 십시일반, 스스로 참여하는 것이 바람직하기 때문이다.

창성에 복음을 전한 분은 삭주(朔州)의 기독교인 문재범(文載範)이었다. 이분의 전도로 믿게 된 사람들이 1897년부터 박병호(朴炳浩)의 집에 모여 예배 드리기 시작한 것이 창성군의 모교회인 창성읍교회가 되었다.

3·1운동 때 이승훈의 연락을 받은 창성읍교회의 강제희(康濟羲) 장로의 주도로 4월 1일에 1천여 명의 군중이 만세운동을 일으켰는데, 일경의 무차별 사격으로 여러 명의 교인이 목숨을 잃었고, 강제희 장로는 총상을 입고 중국 동북지역으로 망명하였다.

산간오지이지만 교회들이 여럿 있었고 그 교회들이 민족운동을 이끌었다는 사실에 감동을 받으며 이곳이 이름 그대로 복음이 창성(昌盛)한 성읍이 되기를 바라는 마음이 간절해진다.

창성군의 교회들은 장로교 삼산노회에 속해 있었다.

우리의 기도

- 창성군이 복음이 창성한 성읍이 되게 하여 주옵소서.

- 창성군 약수리의 창성약수가 유명한데 이 물을 마시는 사람들이 "내가 주는 물을 마시는 자는 영원히 목마르지 아니하리니 내가 주는 물은 그 속에서 영생하도록 솟아나는 샘물이 되리라"(요 4:14)라는 말씀을 들을 수 있는 날이 속히 오게 하여 주옵소서.

- 생활 여건이 여러 가지로 불리한 창성군 주민들의 생업을 지켜 주옵소서.

벽동군^(碧潼郡) 07··

보수신학의 기둥 박형룡 박사의 출생지

평안북도와 자강도(慈江道)의 경계를 이루는 벽동군은, 앞은 압록강, 나머지 3면은 시계방향으로 동주봉(東主峰 525m)·재당산(在堂山 919m)·증봉(甑峰 1,093m)·접목령(接木嶺 905m)·비래봉(飛來峰 1,479m)·반덕산(盤德山 1,091m)·대흥산(大興山 637m)으로 둘러싸여 있다.

군 안에도 산들이 많아 북의 자료에 따르면 산지가 군 면적의 80%인 '산간구'로서 산림자원량이 많고 경작지(북의 용어로 '부침땅')는 6%에 지나지 않는 곳이다. 지대가 높고 바다의 영향을 받지 못해 평안북도에서 추운 지방의 하나로 꼽히는데 기온이 영하 30도까지 내려간 일도 있

었다.(1983년 1월 9일)

철로는 없고, 압록강 연안을 따라 뻗은 길과 대관군과 동창군으로 연결되는 도로와 수풍호의 뱃길이 있다.

1952년 행정구역 개편 때 벽동군의 동부인 우시면(雩時面)·오북면(吾北面)·가별면(可別面)과 벽동면(碧潼面)의 일부는 자강도 우시군이 되었고, 권회면(鸛會面)의 일부는 동창군(東倉郡)에 편입되었다.

현재의 벽동군은 행정구역 이전 벽동군의 성남면(城南面)·송서면(松西面)과 벽동면·권회면(鸛會面)의 일부이다.

벽동은 '벽단'과 '음동'이 합해진 말인데 벽단은 푸른 숲이 우거진 골짜기라는 뜻이고, 음동은 숲이 우거져 그늘이 지고 압록강 물이 산굽이를 흐르는 고장이라는 뜻이다. 무척 운치있는 이름이 아닐 수 없다.

삼산노회의 중심지

현재의 벽동군에 예전에 있었던 교회들을 알아본다.

벽동군 벽동면에는 벽동읍교회(碧潼邑敎會 1903년 설립: 이동 소재, 현 벽동읍)·동상교회(東上敎會 1912년 설립: 동상동 소재)가 있었다.

예전의 벽동면은 현재 벽동군의 북동지역으로 우시군과 경계를 이루고 있다. 벽동면의 일부는 행정구역 개편 때 우시군에 들어간 것은 앞에서 말했다.

벽동군 송서면(松西面)에는 벽단교회(碧團敎會 1906년 설립: 사서동 소재)·의흥교회(義興敎會 1922년 설립: 삼서동 소재)·송삼교회(松三敎會: 송삼동 소재, 현 송삼리)·송일교회(松一敎會 1937년 설립: 송일동 소재, 현 송일리)가 있었다.

이 지역은 현재 벽동군의 중앙지역으로, 벽동군에서 자강도의 우시군·초산군 등지를 연결하는 도로가 지나는 곳이다.

벽단교회에 대해 잠시 살펴보면, 벽단은 앞에서 말한 것과 같이 "푸른 숲이 우거진 골짜기"라는 뜻을 가진 이두표기 '부루다니'에서 온 벽동의 옛 이름으로서, 송서면에서 상업에 종사하던 신효일(申孝一)이 의주지역에서 복음을 듣고 기독교인이 되어 가족과 이웃에게 전도한 것이 벽단 교

회의 시작이 되었다.

벽동군 권회면(鸛會面)에는 의성교회(義城教會 1932년 설립: 사상동 소재, 현 사상리) · 권상교회(鸛上教會 권상동 소재) · 권면교회(鸛面教會 1896년 설립: 권상동 소재, 현 권상리)가 있었다.

예전의 권회면은 현재 벽동군의 동남부, 우시군과 경계를 이루는 지역이다.(권회면의 '鸛' 자가 장로교 주소록을 비롯하여 많은 자료에는 '鶴' 자로 잘못 표기되어 혼선을 일으키고 있다. 이 글자는 '황새 관' 자인데 북의 자료들은 일관되게 '권'으로 표기하고 있어서 여기에서도 '권'으로 표기했다.)

벽동군 성남면(城南面)에는 남상동에는 남상교회(南上教會 남상동 소재, 현 남중리) · 성면교회(城面教會 1911년 설립: 성상동 소재, 현 성상리)가 있었다. 벽동에 제일 먼저 세워진 교회는 예전 행정구역으로 벽동군 권회면(鸛會面) 권상동(鸛上洞)에 세워진 권면교회(鸛面教會)이다. 이 마을에 사는 하승익(河勝翊)이란 분이 서울에 왕복하던 중 평양에서 전도를 받고 돌아와 신앙생활을 한 것이 계기가 되어 1896년에 교회가 세워지게 되었다.

벽동읍교회
벽동읍교회는 1903년에 교동(校洞)의 김응주(金應周) 집에서 모였는데 주변의 박해가 심하여 숲속과 강가에서 예배를 드리다가 점점 부흥하여 김병관이 대지를 헌납하여 예배당을 마련하게 되었다. 벽동읍교회는 1천 명 이상 모이는 큰 교회가 되었고 교회 내에 신명학교(新明學校)를 세웠다.

하승익에게 복음을 전한 분은 최치량(崔致良) 장로였다. 최치량 장로는 토마스 선교사가 순교할 때 그 장면을 목격하였으며, 평양 전도에서 큰 역할을 한 분이다. 권면교회는 1902년에 예배당을 마련했는데 북장로교 선교사 블레어(H. Blair 邦惠法) 목사와 번하이슬(C. F. Bernheisel 片夏薛)

목사가 시무하였다. 이 두 선교사와 함께 캐언스(A. G. Cairns 桂仁秀)·램프(H. W. Lampe 南行理) 등이 벽동까지 찾아와서 선교활동을 활발하게 했고 '예수 천당!' 으로 유명한 최봉석(崔鳳奭)을 비롯하여 한국인 전도인들도 열심히 전도하였으며 평북노회에서도 전도인을 파송하였다.

벽동읍교회는 1903년에 교동(校洞)의 김응주(金應周) 집에서 모였는데 주변의 박해가 심하여 숲속과 강가에서 예배를 드리다가 점점 부흥하여 예배당을 마련하게 되었다. 벽동읍교회는 1천 명 이상 모이는 큰 교회가 되었고 교회 내에 신명학교(新明學校)를 세웠다.

벽동읍교회를 발판으로 벽동군 선교가 활발하게 이뤄졌고 3·1 운동 때는 의주의 유여대(劉如大) 목사의 지도 밑에 이 교회가 중심이 되어 만세운동을 일으켰다.

벽동읍교회의 초대 담임자는 로스(Cyril Ross) 선교사였다. 이 로스 선교사는 중국 동북지역에서 선교활동을 하면서 서상륜과 함께 성경을 번역한 로스 선교사와는 다른 분이다. 벽동군의 복음화를 위해 수고한 로스 선교사는 한국 이름이 노세영(盧世永)이고, 중국에서 선교활동을 한 로스 선교사의 한자 이름은 나약한(羅約翰)이다.

로스 선교사는 1897년에 의사인 부인과 함께 한국에 와서 처음에는 경남지역에서 선교활동을 하였는데, 선교회 간의 선교지역분할 협정에서 경남 지방은 오스트레일리아 장로교가 선교를 담당하게 되자, 경남 지역을 떠나 선천을 근거지로 하고 평북지역에서 선교활동을 하면서 특히 강계 선교의 기초를 놓았다. 1912년 장로교에 다섯 개의 노회가 조직되고 총회가 탄생할 때, 로스 선교사는 초대 평북노회장이 되었다.

로스 선교사는 중국대륙 동북지역도 자주 찾아서 선교활동을 하였다. 로스 선교사는 1937년 선교사직을 사임하고 미국으로 돌아갔고, 한국에서 출생한 딸 릴리안(Lillian)이 부모의 뒤를 이어 한국선교사가 되었다.

한국 보수신학의 기둥과 같은 인물이며, '청교도적 개혁주의 정통신학자' 로 널리 알려진 박형룡(朴亨龍) 박사가 벽동 출신이다.

박형룡 박사는 1897년 벽동에서 출생해서 선천 신성학교와 평양의 숭실을 거쳐 중국 남경의 금릉대학(金陵大學)과 미국 프린스턴신학교, 남침례신학교 대학원에서 공부했다. 박형룡 박사는 조직신학자로서 평양신학교 교수, 만주 신학원 교수와 교장, 해방 후에는 고려신학교 교장, 장로회신학교 교장, 총회 신학교 교수와 교장을 지내면서 평생을 신학교육에 바쳤다.

박형룡 박사

박형룡 박사는 벽촌(僻村)에서 삼형제의 장남으로 태어났는데 아버지는 애주가였고, 그 때문에 그의 집은 많은 빚을 지고 있었다. 박형룡 박사는 열 살까지 벽동의 서당에서 유교적인 교육을 받았는데 '어렸을 때 서당 선생님의 인솔 아래 교회에 연설(강도) 배우러 다닌 것이 도화선이 되어 예수를 믿게 되었다.'(「기독신보」 1967년 11월 18일)라고 밝힌 일이 있다. 서당 선생님이 학생들을 인솔하고 교회에 연설을 배우러 간다는 것이 이상하게 여겨지기도 하지만 당시 유학자들 가운데에는 나라가 발전하기 위해서는 서양의 발달한 문물을 받아들여야 한다고 생각하는 사람들이 적지 않아서 이런 일이 있었던 것이다.

박형룡 박사는 어렸을 때 벽동읍교회에 출석하면서 이 교회의 부설학교인 신명학교에 다녔다. 박형룡 박사가 교회에 출석하게 된 직접적인 동기는 김익두 목사의 부흥회를 통해서였다고 한다.

앞의 삭주편에서 말한 최봉석 목사가 당시 벽동읍교회의 조사로서 수많은 이적을 행하며 교회를 부흥시키고 있었다. 박형룡 박사는 벽동에서 소학교를 여섯 군데를 다니며 신학문을 배우고 열다섯 살 때인 1913년에 벽동을 떠나 선천의 신성학교에 입학했다.

벽동은 '한국 복음주의 신학계에서 거대한 산과도 같은 존재'인 박형룡 박사에게 육신뿐만 아니라 영적인 면에서도 고향이라고 할 수 있는 곳이다.

1924년에 평북노회에서 삼산노회(三山老會)가 분립되어 벽동·삭주·창성군의 장로교회들을 관할하였는데 벽동군이 이 노회의 중심지가 되었다.

앞에서 말한 것과 같이 벽동읍교회 교인들은 초기에 박해 때문에 숲 사이와 강변에서 예배를 드렸다. 이 일을 「조선예수교 장로회 사기」(1918년 발간)는 '當時 不信者들이 迫害하야 會集을 不得게 하난지라 山林及 江岸에 隱避禮拜하러니…'라고 적었다.

혹시 지금도 그와 같은 곳에서 숨어서 몰래 예배를 드리는 성도들이 저

곳에 있지 않을까, 압록강 건너편에서 벽동군을 바라보는 우리의 마음에 이런 질문이, 아니 그러기를 바라는 염원이 가득해진다.

[자 강 도]

자강도는 1949년에 신설된 도이다.
북이 대규모의 행정구역 개편을 실시한 것이 1952년의 일인데
자강도는 그 이전에 설치되었다. 자강도의 대부분은 옛 평안북도의 동북부 지역이다.

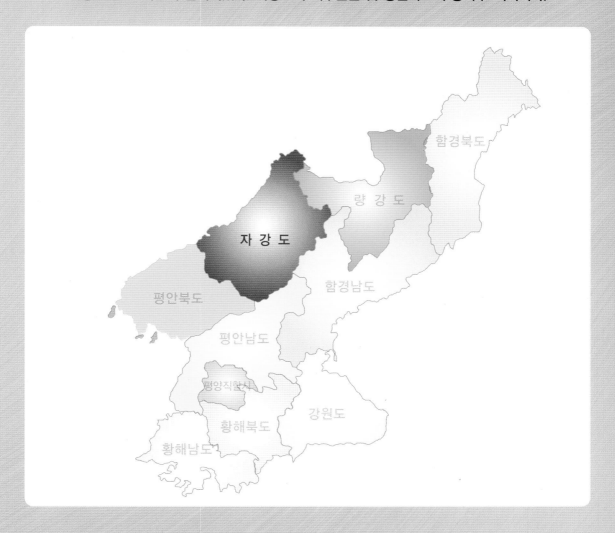

한반도의 서쪽 끝인 비단섬에서 출발해서 압록강 건너편을 바라보며, 때로는 배를 타고 압록강 중간까지 들어가, 북한의 룡천군과 신의주시와 의주군과 삭주군과 창성군과 벽동군을 바라보며 기도하는 가운데 평안북도가 끝나고, 이제는 자강도(慈江道)에 들어서게 된다.

자강도는 1949년에 신설된 도이다. 북이 대규모의 행정구역 개편을 실시한 것이 1952년의 일인데 자강도는 그 이전에 설치되었다. 자강도의 대부분은 옛 평안북도의 동북부 지역이다. 다만 평안북도의 후창군은 량강도(兩江道)로 들어가서 김형직군(金亨稷郡)이라는 새 이름을 가지고 있다. 김형직은 김일성 주석의 아버지 이름이다. 그리고 함경남도 장진군의 일부가 자강도에 편입되었다.

자강도 안팎에는 랑림산맥을 비롯한 산맥들과 개마고원과 높은 산들이 있고, 중국과 국경을 이루고 있는 곡류의 압록강과 그 지류들이 흐르고 있다. 우리나라의 평균 높이는 440m인데 자강도의 평균 높이는 804m이다.

자강도 안에는 3개의 시와 15개의 군이 있다. 시는 강계(江界)·만포(滿浦)·희천(熙川)이고, 군은 고풍(古豊)·동산(東新)·랑림(狼林)·룡림(龍林)·성간(城干)·송원(松源)·시중(時中)·우시(雩時)·위원(渭原)·자성(慈城)·장강(長江)·전천(前川)·중강(中江)·초산(楚山)·화평(和平)이다.

자강도라는 이름은 자성과, 도 인민정부 소재지인 강계의 첫 글자를 따서 만든 것이다.

압록강을 끼고 서쪽에서 동쪽으로 가면서 우시군·초산군·위원군·만포시·자성군·중강군을 바라볼 수 있다. 이제 이 차례를 따라 기도하면서 압록강의 상류를 향해 가기로 한다.

자강도는 예전에는 평안북도의 일부였기 때문에 교회 역사는 평안북도와 같다. 자강도는 미감리회 선교구역으로서 안쪽에 있는 희천시와 동신군을 제외하고는 모두 미 북장로교회의 선교구역이었다. 따라서 조중변경에 있었던 교회들은 대부분 장로교회들이었다.

> 자강도 안팎에는 랑림산맥을 비롯한 산맥들과 개마고원과 높은 산들이 있고, 중국과 국경을 이루고 있는 곡류의 압록강과 그 지류들이 흐르고 있다. 우리나라의 평균 높이는 440m인데 자강도의 평균 높이는 804m이다.

우시군(雩時郡) 01 ..

기우제와 시제를 드리던, 전통신앙이 강하던 곳

자강도의 북서쪽 끝인 우시군의 동부에는 충만강(忠滿江)이 심한 곡류를 이루면서 압록강으로 흘러들고 있다.

우시군은 본래 벽동군의 동부였다. 1952년 군면리 대폐합 때 벽동군의 우시면(雩時面)·오북면(吾北面)·가별면(可別面)과 벽동면(碧潼面)의 일부가 우시군이 되었는데 그때는 우시군이 평안북도에 속해 있었다가 1954년에 자강도로 이관되었고, 1964년에는 초산군(楚山郡)의 하창리(下倉里)와 고풍군의 룡해리(龍海里)가 우시군에 편입되었다.

군 면적의 80%가 산림인 심산오지(앞에서도 말했지만 북에서는 이런 곳을 '산간군'이라고 부른다)이고, 경작지의 5%만이 논이

고 70% 이상은 밭인데 대부분이 압록강과 충만강 연안에 분포되어 있다. 누에치기를 도에서 제일 많이 하여 뽕밭이 전체 농경지의 13%를 차지하고 있으며 소를 많이 기른다.

우시군은 국경도로가 압록강 주변의 시와 군들과 연결되고 압록강을 이용한 수상교통이 활발한 편이다.

초산읍교회가 우시군에

현재의 우시군 안에 예전에 있었던 교회들을 알아본다.

예전 행정구역으로 벽동군 우시면에는 우장교회(雩場敎會: 1920년 설립: 우하동 소재, 현 우시읍)·장사교회(章士敎會: 우중동 소재, 현 우중리)·창평교회(倉平敎會 1918년 설립: 시하동 소재, 현 시하리)가 있었다.

예전의 우시면은 현 우시군의 동부지역인데 충만강이 심한 곡류를 이루고 흐르며 위에서 말한 국경도로가 통과하고 있는 곳이다.

이 교회들 가운데 창평교회는 노회가 파송한 전도인 박정흠(朴貞欽)이 열심히 전도하여 세워진 교회인데, 김석항(金碩伉)·동사목사 양준식(梁俊湜)·램프(H. W. Lamp 南行理) 선교사·박정흠 조사·안주흡(安周洽) 목사가 이 교회를 섬겼다.

예전 행정구역으로 벽동군 가별면(加別面) 별장에는 별장교회(別場敎會)가 있었다.

예전의 가별면은 현 우시군의 남부지역인데 가막천(加幕川)이 흐르고 있다.

예전 행정구역으로 벽동군 오북면(吾北面)에는 화평교회(和平敎會: 오하동 소재, 현 오하리)·광평교회(廣坪敎會 1933년 설립: 북상동 소재, 현 북상리)가 있었다.

예전 오북면은 현 우시군의 북부지역으로 압록강 유역이다.

예전 행정구역으로 초산군 초산면에는 초산읍교회(楚山邑敎會 1901년 설립: 성서동 268번지 소재, 현 초산읍)가 있었다.

초산읍교회가 있었던 성서동은 충만강이 압록강으로 흘러 들어가는 곳으로 지금은 우시군 금성리(金城里)가 되어 있으며 부근에 봉수대가 있었

우장교회

우장교회는 1935년에 700평 대지에 57평 새 성전을 총 공사비 5,300원을 들여 건축하였다. 우장교회를 섬겼던 장로들은 임관흥, 이순식, 김인빈, 김병철이다. 하나님 그들의 후손을 기억하소서!

던 연대산(煙臺山 519m)이 있다.

예전 행정구역으로 초산군 남면에는 부평교회(富坪敎會: 충하동 65번지, 현 하창리)와 발은곡교회(發銀谷敎會 1935년 설립: 충하동 산 34번지 소재, 현 하창리)가 있었다.

우시군에는 발은로동자구가 있다. 발은로동자구는 우시읍에서 서남쪽으로 4㎞ 지점에 있으며 강남산맥에 속하는 높이 400m~900m의 산지에 둘러싸인 곳인데 광산이 개발되어 아파트와 공공시설이 들어서서 산간 소도시처럼 된 곳이다. 발은곡교회는 그 이름으로 보아 이 지점에 있었던 것으로 여겨진다.

예전 행정구역으로 초산군 강면(江面)에는 강창교회(江倉敎會: 용성동 292번지 소재)가 있었다.

이제 초산읍교회에 대해서 살펴보자.

우선 초산읍교회가 왜 우시군에 있는지 궁금해질 텐데, 그것은 초산읍교회가 있었던 초산군 초산면 성서동이 행정구역 개편에 따라 우시군이 되었기 때문이다.

초산읍교회가 있던 자리는 현행 행정구역으로 우시군의 동북부인 금성리(金城里) 부근, 충만강과 연대산(煙臺山 519m) 사이이다. 이곳 주민인 이승락(李承洛)이 중국 통화현에 갔다가 로스(J. Ross) 선교사로부터 전도를 받고 돌아와 1901년에 초산읍교회를 설립하였다. 이 교회는 1904년 배신학교(培信學校)를 설립하여 교육을 병행하였다. 송윤진 목사·호프만(C. S. Hoffman 한국 이름 咸嘉倫)·장두희(張斗熙) 목사 등이 이 교회를 담임하였다.

● **초산읍교회**
1901년 이곳 주민 이승락이 중국 통화현에 갔다가 로스 선교사로부터 전도를 받고 돌아와 설립한 교회이다. 한인진, 원석호, 원석연, 김창흡 등이 창설에 앞장섰고, 송윤진, 안성준, 안익재, 김승호, 김운현이 중심 교인이었다. 1904년에는 배신(培信)학교를 설립하여 교육에 앞장섰다.

[호프만 선교사]

초산읍교회를 담임했던 호프만 선교사는 미 북장로회 파송으로 1910년에 내한하여 강계(江界) 선교부에 소속되어 선교활동을 했다. 호프만 선교사는 중국동북지역 선교에도 힘을 쏟아 흥경(興京) 선교부를 조직했고, 영실(英實)중학교 교장·선천 신성(信聖)중학 교장을 역임하며 기독교 교육에도 힘썼다. 3·1 운동 당시 영실학교 교직원과 학생들이 만세시위에 앞장 섰다가 일경에게 체포되어 비인간적인 대우를 받자, 호프만 선교사는 평북 도지사와 재판장·검사에게 격렬하게 항의 하였다. 호프만 선교사는 일제가 선교사들을 강제추방 할 때 한국을 떠나, 미국에서 별세했는데 장남 로버트 호프만(Robert Hoffman)이 선교사로 1955년에 한국에 와서 20여 년간 활동하였다.

우시군에 있던 장로교회들은 산서노회(山西老會)에 속해 있었는데 호프만 선교사는 산서노회의 초대노회장이었다. 산서노회에 대해서는 다음 초산군(楚山郡)편에서 살피게 될 것이다.

1938년도 장로교 주소록이 아닌 다른 기록에는 현재의 우시군에 있었던 교회로 북하교회(北下敎會: 1930년 설립)와 대평교회(大平敎會: 1915년 설립)의 이름이 발견된다.

우시군은 전통신앙과 관계가 깊은 곳이다. 우시군은 이 군의 중심인 옛 우시면의 이름을 딴 것인데 우시면은 우면(雩面)과 시면(時面)이 합해진 곳이다. 우면은 기우제를 지내던 곳이라는 데서 유래된 이름이고, 시면은 시제를 지내던 고장이라는 데서 유래되었다.

우시군은 장수노인들이 많은 곳으로 유명하다. 우시군에서는 장수노인들이 많은 것은 틀림없이 '수령님의 은덕' 이라고 할 것이다. 그것이 수령님의 은덕이 아니고 하나님의 은혜라는 사실을 깨닫는 날이 속히 오기를 바라는 마음이 간절해진다.

우리의 기도

- 우시군이 복음의 땅이 되게 하여 주옵소서,

- 우시군에는 국가지정문화재보존급 봉수대 유적들이 여럿 있는데(봉수대봉수, 부흥리연두봉수, 북상리봉수, 연두봉봉수) 우시군에서 복음의 봉화가 피어올라 자강도와 북의 전역에 전해지게 하여 주옵소서.

- 지금 우시군에 살고 있는 분들 가운데 예전에 신앙생활을 하던 분들의 후손이 있을 텐데 그들 가운데 선조들의 믿음을 기억하고 간직하는 사람들이 많게 하여 주옵소서.

초산군^(楚山郡) 02··

6·25 전쟁 때 압록강 물을 수통에 담아 대통령에게 바친 곳

지금까지 우리가 압록강 너머로 바라본 삭주군·창성군·벽동군·우시군은 모두 면적 298.16㎢의 수풍호(水豊湖)를 끼고 있는 곳들이다. 이 수풍호는 초산군에 와서 끝난다.

초산에 와서 끝나는 것이 또 하나 있다. 경남 남해군에서 출발한 국도 3호선이다. 길이 1,096.3㎞의 국도3호선은 남해에서 출발해서 사천시·진주시·김천시·상주시·문경시·충주시·이천시·서울의 송파구와 도봉구·의정부시·동두천시를 거쳐 철원으로 해서 초산군에 이르는데, 남해초산선(南海楚山線)이라고도 부른다.

초산은 일제강점기에는 독립군 활동의 거점이었고, 6·25 당시에는 격전지였다. 6·25 당시 국군이 북진하면서 이곳에서 벌인 초산전투는 6·25의 10대 전투 가운데 하나로 꼽히며, 낙동강에서 반격을 시작한 후에는 인천상륙작전·평양탈환작전과 함께 3대 전투로 꼽히고 있다.

38선을 돌파한 국군과 UN군은 빠른 속도로 북진을 거듭하였는데 10월 26일, 국군 6사단 7연대가 희천을 출발해서 초산으로 향하던 중 초산천 연변에서 북한군 8사단 소속 연대규모의 혼성부대와 조우하여 두 시간 만에 이를 격퇴하고 오후 2시, 압록강에 도착할 수 있다. 국군은 초산의 압록강

압록강 물을 수통에 담는 국군
초산의 압록강물을 수통에 담는 국군 장병
사진: 6·25전쟁 60주년 화보

물을 수통에 담아 이 대통령에게 보냈는데 이때 압록강 물을 담았던 수통은 지금 용산전쟁기념관에 당시 노획한 인민군의 군복과 장비, 전투 관련 서류, 6사단 7연대의 군기와 함께 전시되어 있으며 6사단 7연대에서는 해마다 10월 26일을 '압록강 진격 기념일'로 지키고 있다.

초산군은 원래는 평안북도에 속해 있다가 1949년 자강도가 신설될 때 자강도에 속하게 되었고, 1952년 군면리 대폐합시 초산군 남부의 고면(古面)·풍면(豊面)과 강면(江面)·남면(南面) 일부 등 강남산맥 남쪽지역이 고풍군(古豊郡)으로 분립되었다. 고풍군이라는 이름은 고면과 풍면의 첫 자를 딴 것인데 그 보다 더 남쪽의 송면(松面)·도원면(桃原面)·판면(板面)은 송면의 첫 글자와 도원면의 둘째 글자를 딴 송원군(松原郡)으로 분립했다.

현재의 초산군은 예전 초산군의 동면(東面)·성서면(城西面)과 초산면·남면 일부인데 예전 위원군의 서태면(西泰面) 일부가 초원군에 편입되었다.

초산군 주변에는 높은 산들이 많아 인접해 있는 고풍군이나 우시군으로 왕래하려면 높은 고개를 넘어야 한다. 군 안에도 높은 산들이 있어 군 안의 교통도 불편하고 지형이 험해 도로의 굴곡이 심하다. 초산이라는 이름은 궁벽한 산골에 나무가 무성하다는 데서 붙여진 것이다.

초남강(楚南江)과 충면천(忠面川)이 초선군을 통해 흐르면서 수풍호로 흘러들고 있다. 북에서는 초산군을 '내륙산간군'으로 분류하고 있는데, 이곳에서는 누에고치와 꿀이 많이 난다.

유난히 빈약한, 교회들에 대한 기록

현재의 초산군에 예전에 있었던 교회들을 예전 행정구역을 기준으로 알아본다.

초산군 남면에는 충상교회(忠上敎會 1937년 설립: 충상동 541번지 2호 소재, 현 충상리)와 구평교회(龜坪敎會 1907년 설립: 용상동 소재, 현 용상리)가 있었다. 장로회신학교 32회(1938년) 졸업생인 곽치서(郭致瑞) 목사가 이 두 교회를 담임했었다. 이 지역은 현재 초산군의 남부 지방으로 초산읍에서 고풍군 등 남쪽 지역을 연결하는 도로가 이 지역을 통과하고 있다.

초산군 동면에는 구룡교회(龜龍教會: 구룡동 소재, 현 구룡리)가 있었다. 이 지역은 이름 그대로 초산군의 동부지역으로 위원군에 맞닿아 있다.

초산군 초산면에는 수침교회(水砧教會: 수침동 소재, 현 수침리)가 있었다. 이 지역은 현재 초산군의 중부 지역이고 수침리라는 지명은 지금도 남아 있는데 현재의 수침리는 예전의 수침리와 수암리를 병합한 곳이다.

초산군 성서면에는 안찬교회(安贊教會: 안찬동 소재, 현 안찬리)·내연교회(內淵教會: 내연동 소재)·금사곡교회(金沙谷教會: 금사동 소재)가 있었다. 이 지역은 현재 초산군의 북서지역으로 압록강 연안이다.

현재의 초산군에 있던 교회들은 산서노회(山西老會)에 속해 있었다. 산서노회는 1917년에 평북노회로부터 분립되었는데, 당시 평안북도의 초산·위원·강계·자성·후창(厚昌: 현재의 량강도 김형직군)에 있던 교회들을 관할하였다. 이 지역은 지금 대부분 자강도에 속해 있다. 초대노회장은 앞의 우시군 편에서 말한 호프만(C. S. Hoffman) 선교사였고, 신도군 편에서 잠시 말한 일이 있는 순교자 한경희(韓敬禧) 목사가 초대 서기였다. 당시 만주국 통화성(通化省) 집안현(輯安縣)의 교회들도 산서노회가 관할했다. 1942년 당시, 산서노회에는 142개의 교회가 속해 있었다.

초산군에 있었던 교회들에 대한 기록은 유난히 빈약하여 많은 것을 알수 없어 우리를 안타깝게 한다.

우리의 기도

- 초산군이라고 하면 '초산전투'와 연관하여 격전지라는 것이 먼저 떠오릅니다. 초산군이 평화의 땅으로 기억되도록 변화시켜 주옵소서.
- 초산에서 끝나는 압록강 수풍호의 물로 세례식을 거행할 수 있는 날이 속히 오게 하여 주옵소서.
- 초산에 있었던 교회들에 대한 기록이 많이 발견되게 하여 주옵소서.

·· 03 | 위원군(渭原郡)
강과 산들로 둘러싸인 오지, 그러나 교회가 많았던 곳

위원군은 서태면(西泰面)의 일부가 초산군에 편입된 것을 제외하고는 1952년 군면리 대폐합 이전의 지역을 비교적 그대로 유지하고 있는 곳이다.

압록강은 위원군에서 곡류가 제일 심하다. 압록강으로 흘러드는 지류들 가운데 규모가 가장 큰 것은 장자강(將子江)인데 이 강이 위원군을 통해서 압록강으로 흘러 들어간다. 위원군 안에는 길이 5km 이상 되는 중소 하천들이 30여 개가 있는데 그 가운데에서 제일 길고 유역면적이 넓은 강은 위원강으로서, 이 강의 옛 이름은 위수(渭水)였다. 위원이라는 이름은 '위수 유역의 언덕지대' 라는 뜻이다.

압록강을 끼고 있는 군들이 대개 그런 것과 같이 위원군도 높은 산들로 둘러싸인 곳이다. 시계방향으로 보면 동북쪽의 봉유산(鳳遊山 798m), 증봉(甑峰 1,355m: 벽동군과 우시군 경계에도 같은 이름을 가진 산이 있음), 중지봉(中枝峰 1,241m), 연덕산(淵德山 1,790m) 서남쪽에 립봉(笠峰 1,546m: 창성군과 벽동군 경계에도 같은 이름을 가진 산이 있음), 련전산(蓮田山 1,286m), 남쪽에 백암산(白岩山 1,823m)과 숭적산(崇積山 1,994m), 서남쪽에 림전령(林全嶺 1,112m)과 북동산(1,487m), 서쪽에 박피령(栢彼嶺 897m) 서북쪽에 교통의 요지인 파발령(杷撥嶺 469m)과 대령산(大嶺山 822m)이 있으며 군 안에도 백고덕산(白姑

德山 1,483m)을 비롯하여 높은 산들이 여럿 있다.

산림은 군 면적의 80% 이상인데 가래나무와 잣나무가 많다. 위원에서는 통나무를 많이 생산하고 있으며 배와 포도도 많이 생산된다. 과수밭의 70% 이상은 배밭이고 23%는 포도밭이며, 밀원식물(蜜源植物)이 많아 양봉업이 발달하였다.

블레어(Blair: 邦惠法) 선교사의 수고가 깃든 곳

현재의 위원군에 예전에 있었던 교회들을 옛 행정구역을 기준으로 알아본다.

위원군 위원면에는 위원읍교회(渭原邑敎會 1905년 설립: 구읍동 소재, 현 위원읍)·성내동교회(城內洞敎會: 성내동 91번지 소재)·오륜대교회(五倫垈敎會 1915년 설립: 송진동 185번지 소재, 현 송진리)가 있었다.

위원읍교회에는 융신학교(隆信學校)라는 부설 교육기관이 있었다. 위원읍교회를 섬긴 교역자들은 블레어(H. E. Blair 한국 이름 邦惠法)·호프만(C. S. Hoffman)·권형모(權衡摸) 목사 등이었다.

예전의 위원면은 위원군의 북부지역으로, 신의주에서 시작된 국경도로가 이 지역을 지나 만포시로 연결되어 있다. 위원읍교회가 있었던 구읍리가 현재의 위원읍인데 이 지역은 1985년에 침수의 피해를 입었다.

위원군 봉산면(鳳山面)에는 동장교회(東場敎會 1907년 설립: 고보동 271번지 2호 소재, 현 고보리)가 있었다. 이 교회는 이혜련(李惠連)의 전도로 설립되었고 송창하(宋昌夏) 전도사가 이 교회를 섬겼다.

예전의 봉산면은 위원군의 서북부 지역으로 만포시와 경계를 이루는 곳이다. 봉산면은 이곳에 있는 봉유산(鳳遊山 798m)에 봉황새들이 날아들어 사람을 도와주었다는 전설이 있어서 붙여진 이름이다.

위원군 위송면(渭松郡)에는 위창교회(渭倉敎會: 용탄리 소재, 현 용탄리)·피목곡(披木谷)에는 피목동교회(披木洞敎會: 피목곡 소재)·신풍동교회(新豊洞敎會: 산풍동 316번지 소재)·석포동교회(石浦洞敎會 1899년 설립: 석포동 203번지 1호 소재)가 있었는데 블레어 선교사가 석포동교회를 섬겼다. 예전의 위송면은 위원군의 중서부지역이다.

위원읍교회
1905년에 설립된 위원읍교회는 블레어 선교사, 호프만 선교사, 권형모 목사가 섬겼고, 김정록, 이병포, 임현주, 이규율, 임의영 장로가 있었다. 위원읍교회에는 부설 교육기관으로 융신학교가 있었다.

위원군 화창면에는 화창교회(和昌敎會: 대안동 222번지 소재)가 있었는데 이종화(李鍾華) 전도사가 이 교회를 섬긴 일이 기록에 남아 있다. 예전의 화창면은 위원군의 중부로 위원강(渭原江)과 한백천(漢栢川) 중간 지역인데 기후가 온화하고 번창하는 지역이라고 하여 이와 같은 이름을 갖게 되었다.

위원군 대덕면(大德面)에는 어곡동교회(漁谷洞敎會: 어곡동 소재, 현 어곡리)와 철점교회(鐵店敎會: 독산동 490의 1 소재)가 있었다. 예전의 대덕면은 위원군의 서남부지역으로 전천군(前川郡)과 경계를 이루는 곳이다.

위원군 숭정면(崇正面)에는 한장교회(漢場敎會 1909년 설립: 용연동 77번지 소재)가 있었다. 이 교회는 이기락(李基洛)의 전도로 설립되었는데 블레어 선교사와 이종화(李鍾華) 전도사가 이 교회를 섬겼다. 예전의 숭정면은 위원군의 남부지역으로 전천군·고풍군과 경계를 이루고 있다.

이상은 1938년 장로교주소록에 따른 것인데 그 밖의 기록에서 위원군 화창면의 대야동에는 대야동교회(大野洞敎會: 1910년 설립)가, 신흥동에는 신흥동교회(新興洞敎會: 1910년 설립)가 있었음을 발견하게 된다. 신흥동교회는 김낙호(金落鎬)의 전도로 설립되었는데 블레어 선교사가 이 교회를 섬겼다.

소재지는 알 수 없지만 화창면 안에는 북창교회(北昌敎會: 1902년 설립)가 있었다.

위원군에 있던 교회들은 장로교 산서노회에 속해 있었다.

위원군에 있었던 교회들을 찾으면서 위원의 위원읍교회·석포동교회·한장교회·북창교회·신흥동교회를 담임했었던 블레어 선교사가 어떤 분인지 궁금해진다.

동생 블레어 (邦惠法) 선교사

블레어 선교사는 형제가 같은 시기에, 비슷한 지역에서 한국 선교사로 많은 수고를 했다. 블레어 선교사의 형은 윌리암 뉴턴 블레어(William Newton Blair 한국 이름 邦緯良) 선교사로서, 1901년에 한국에 와서 평양선교부 소속으로 선교활동을 하였다.

위원에서 수고를 많이 한 동생 블레어 선교사(한국이름 邦惠法)는 형님보다 3

압록강변의 단풍
밭으로 개간할 수 없는 지역은 잡목
들이 있어 가을이 되면 단풍으로 아
름답게 수놓아지고, 그 모습이 그대로
강물에 담겨 한 폭의 산수화 같은 풍
경을 보여준다.

년 늦게 1904년에 한국에 와서 먼저 선천선교부에서 일하다가, 1908년에 강계선교부가 설립되면서 강계로 옮겼는데 부임 초, 여러 달 걸려 광범위한 선교여행을 하였다. 강계에서 그는 형님과 함께 겨울사경회를 인도한 일도 있었다. 그가 위원의 여러 교회를 담임했던 것은 이때의 일이다. 뒤에 그는 대구선교부로 옮겨 일했는데, 그가 살던 집은 대구 유형문화재 26호로 지정되어 교육·역사 박물관으로 사용되고 있다. 일제가 선교사들을 추방할 때 블레어 선교사는 필리핀으로 가서 그곳에서 세상을 떠났다.

앞에는 압록강, 주변에는 높은 산들, 안에도 높은 산들, 그런 위원에도 복음은 어김없이 찾아들어 여러 개의 교회가 이곳에 있었는데, 지금은 교회가 하나도 없다는 사실을 생각하니 '주여, 언제 이곳의 교회들을 회복시켜 주시려나이까?' 하는 기도가 저절로 간절해진다.

우리의 기도

- 위원군에 다시 교회들이 세워지는 날을 속히 허락하여 주옵소서.

- 위원군에는 위원읍성(일명 고성리읍성)을 비롯하여 성벽들이 많이 남아 있는데(고보진성, 만호진성, 호안성 등) 그 성벽을 보는 주민들이 '주님이야말로 우리의 산성'(시 18:2) 임을 깨닫게 하여 주옵소서.

- 형제가 한국에 와서 북부 지방에서 많은 수고를 한 블레어 선교사의 후손들에게 복을 베풀어 주옵소서.

··04 만포시(滿浦市)

6 · 25 전쟁 때 별오리회의가 열렸던 곳

중국의 길림성 집안시(集安市)에서 바라보이는 만포시는 예전에는 강계군(江界郡)의 일부였었는데 1949년 자강도가 신설될 때 만포군으로 분립하였고, 1967년에 시로 승격되었다. 현재의 만포시는 예전 강계군의 만포읍·이서면(吏西面)·고산면(高山面)과 외귀면(外貴面)의 일부이다. 1949년에 만포군이 분립할 때는 시중면(時中面)도 만포군에 속했으나, 시중면은 1952년 군면리 대폐합 때에 다른 몇 개의 면과 함께 시중군으로 분립하였다.

만포라는 이름은 '배들이 가득 머물러 있는 포구'라는 뜻으로 붙여진 것으로 추정되고 있다.

만포시는 북동쪽에서 남서쪽으로 좁고 길게 뻗어 있고 압록강과 건포강(乾浦江) 사이에 작은 평야들이 있다. 동부에 있는 가장 높은 범바위산(1,373m)에서 가장 낮은 남서부의 압록강 기슭인 남상리(165m)에 이르기까지 높고 낮은 산들이 있는데 산림은 시 전체의 75.6%를 차지하고 있다.

만포시는 전력공업이 중요한 비중을 차지하고 있는데, 북이 1959년에 최초로 자체의 힘과 자재·기술로 건설한 장자강 발전소를 비롯하여 송

● **만포시 전경**

만포라는 이름은 '배들이 가득 머물러 있는 포구'라는 뜻으로 붙여진 것으로 추정되고 있다.

만포시는 전력공업이 중요한 비중을 차지하고 있는데 북이 1959년에 최초로 자체의 힘과 자재·기술로 건설한 장자강 발전소를 비롯하여 송학발전소(松鶴發電所)·등공1호발전소(登公一號發電所)와 2호 발전소 등 중소발전소들이 만포시 안에 있다. 타이어 공업과 방직공업·피복공업도 만포시의 중요한 산업이다.

만포시 별오동 부근

만포에서 우리의 눈을 끄는 곳은 별오리(別午里) 현재의 별오동 일대이다. 이곳은 좋은 벼루가 많이 생산되어서 '벼루리 마을'이라고 불리다가 이것을 한자로 '별오'라고 적게 되었다. 김일성은 6·25 당시 이곳까지 후퇴해서, 1950년 12월 21일에서 23일까지 로동당 제2기 제3차 전원회의를 열고 전쟁의 패인을 분석했는데 이 회의를 일반적으로 '별오리 회의'라고 부른다.

학발전소(松鶴發電所)·등공1호발전소(登公一號發電所)와 2호 발전소 등 중소발전소들이 만포시 안에 있다. 타이어 공업과 방직공업·피복공업도 만포시의 중요한 산업이다.

만포는 자강도에서 보리를 제일 많이 재배하는 곳이다. 만포에는 주변의 여러 지역을 연결하는 도로들이 있고 만포선(평남 순천시–만포시)을 비롯하여 만포청년선·운봉선 등 철로교통도 활발한데, 만포선은 압록강을 건너 중국의 매집선(梅集線)과 연결된다.

만포시는 예로부터 국경도시로서 국방의 요지여서 고산진성을 비롯하여 만포읍성·외귀진성 등 성의 유적들이 여럿 남아 있고 성을 쌓을 때 함께 만든 망미정(望美亭)·세검정(洗劍亭)터 등 정자의 유적도 있다. 무엇보다도 별오동봉수(別午洞烽燧)를 비롯하여 국가지정문화재보존급 봉수가 10개나 있다.

만포시에는 새마을동이라는 재미있는 이름을 가진 곳이 있다. 새마을동은 1967년에 새로 만든 동으로, '새로 생긴 동'이라는 뜻을 담아 이런 이름을 갖게 되었는데 이곳의 범바위산에는 김일성 주석이 1930년대에 항일무장 투쟁을 할 때 만들었다는 만포지구 비밀근거지가 있다.

만포에서 우리의 눈을 끄는 곳은 별오리(別午里: 현재의 별오동 일대)

이다. 이곳은 좋은 벼루가 많이 생산되어서 '벼루리 마을'이라고 부르다가 이것을 한자로 '별오'라고 적게 되었다.

김일성은 6·25전쟁 당시 이곳까지 후퇴해서, 1950년 12월 21일에서 23일까지 로동당 제2기 제3차 전원회의를 열고 전쟁의 패인을 분석했는데, 이 회의를 일반적으로 '별오리 회의'라고 부른다.

별오리 회의의 결과는 북한군 군사정책의 핵심으로서 북한군의 전략 및 전술 체계 개발, 무기체계의 발달 및 군수산업의 발전에 지대한 영향을 미치게 되었고, 이 회의를 기점으로 반대파 숙청이 시작되었다.

만포진교회, 고산진교회…. 만포시에 있었던 교회들

현재의 만포시 지역에 예전에 있었던 교회들을 찾아보자.

만포선 만포역전에는 만포진교회(滿浦鎭教會)가 있었다. 만포역은 현 만포시의 서북쪽에 있는 교통요지이다.

예전 주소로 강계군 고산면에는 고산진교회(高山鎭教會 1906년 설립: 포상동 276번지 소재, 현 고산리)·남상교회(南上教會: 남상동 소재)·연상동교회(延上洞教會: 연상동 소재)·분토교회(盆土教會: 포상동 소재, 현 고산리)·미타교회(美他教會)·입석교회(立石教會: 미타동 입석참, 현 미타리)가 있었다.

고산진교회와 성도들
1906년에 설립된 고산진교회는 신영호, 김도준이 설립에 앞장섰으며, 정동화, 서정옥 장로가 섬겼다. 평북 위원군 출신으로, 만포 건너편 집안에서 교편생활을 하다 평양장로회신학교를 15회로 졸업한 김기형(金期亨) 목사가 이 교회를 오래 담임했다.

만포시 시멘트공장
압록강변에 위치해 있으며, 주로 시멘트와 인조석, 블록 등 10여 가지의 건재제품을 생산하고 있다. 이곳에서 생산된 시멘트는 자강도를 비롯하여 전국 각지로 공급된다.

고산면은 현재 만포시의 서북부로, 남으로는 시중군, 서쪽으로는 위원군과 경계를 이루고 있는 곳이다. 이곳은 고사리가 많이 나는 곳이어서 고산면이라는 이름을 갖게 되었다. 남상교회가 있었던 곳은 만포시의 서북쪽 끝이며 분토교회가 있었던 지역은 압록강 연안을 따라 뻗어있는 도로가 통과하는 곳이다.

예전 주소로 강계군 외귀면(外貴面)에는 건하리교회(乾下里教會 1916년 설립: 건하동 소재, 현 건하리) · 외귀진교회(外貴鎭教會)가 있었다.

건하리교회는 전도인 안상옥(安尙玉)의 전도로 설립되었고, 김용진(金鏞珍) 전도사가 이 교회를 섬겼다.

예전의 외귀면은 현재 만포시의 서북지역으로 시중군과 맞닿아 있는 곳인데 이곳에는 외귀약수가 있다.

예전 주소로 강계군 이서면(吏西面)에는 등공리교회(登公里教會: 등공리 소재, 현 등공리) · 종포진교회(從浦鎭教會 1918년 설립: 종포동 소재) · 안도동교회(安道洞教會: 안도동 소재) · 함부동교회(咸富洞教會: 1925년 설립: 함부동 소재, 현 함부리)가 있었다.

종포진교회는 곽치서(郭致瑞)가 전도하여 설립된 교회이다. 곽치서는 중석광 채굴사였다가 교역에 종사하여 종포진교회의 조사가 되었고, 평양신학교를 졸업하고 목사가 되었다. 최종진(崔宗鎭) 목사와 김용진(金鏞珍) 전도사가 이 교회를 섬겼다. 김용진 전도사는 함부동교회도 함께 섬겼다.

예전의 이서면은 현재 만포시의 남동부 지역으로 남으로는 장강군, 동으로는 자성군과 경계를 이루고 있는 곳이다.

만포시에 있었던 교회들은 산서노회에 속해 있었다.

함부동교회
1925년 3월 1일 설립된 함부동교회는 김용진 전도사가 종포진교회와 함께 섬겼다.
함부리에는 국가지정문화재보존급 제888호인 함부리봉수터가 있다. 함부리봉수는 자성에서 오는 신호를 받아 송학봉수에 전달하는 역할을 하였다. 함부동교회가 다시 재건되어 다른 지역으로 복음을 전달할 날이 속히 오기를 기도한다.

우리의 기도

- 만포시는 중국과 철로로 연결되는 곳인데 이 철로를 통해서 전도하는 이들이 오갈 수 있는 날이 속히 오게 하여 주옵소서.

- 만포시에는 발전소들이 여럿 있는데 만포시가 영적 에너지를 공급하는 곳이 되게 하여 주옵소서.

- 만포시에 지금까지 남아 있는 교회 유적들이 있으면 잘 보존되게 하여 주옵소서.

··05 │ 자성군^(慈城郡)
일조량은 많고, 강우량은 적고…. 임업 · 양잠 · 양봉이 발달한 곳

자강도에 들어오면서 말한 것과 같이, 자강도라는 이름은 자성과 강계의 첫 글자를 따서 만든 것인데, 자성이라는 말을 풀면 '자비로운 도성'으로 성서적인 분위기를 가지고 있는 이름이다. 그런데 정작 자성이라는 이름은 자비와는 관계가 없고, 자작나무에서 유래가 되었다고 한다. 예전에 화전민들이 자작나무가 많이 자라는 고개 밑에 마을을 이루고 살면서 마을 이름을 자작마을이라고 하였는데, 이 자작리마을에 성을 쌓고 새로 설치한 고을이라고 하여 자성이라는 이름을 갖게 되었다는 것이다.

현재의 자성군은 예전 자성군에 비해 많이 축소되었다. 예전 자성군의 동북부인 장토면(長土面)·중강면(中江面)은 후창군의 후창면 일부와 합하여 중강군이 되었고 예전 자성군의 동남부인 남신면(南新面)과 이평면(梨坪面) 일부는 후창군 칠평면(七坪面)과 합하여 화평군(和平郡)이 되었다. 현재의 자성군은 예전 자성군의 자성면·삼풍면(三豐面)·자하면(慈下面)과 이평면의 일부이다.

자성군은 랑림산맥에 속한 산들로 둘러싸인 곳으로서 북에는 학성산(鶴城山 1,267m)·산두산(山頭山 1,283m), 동부에는 정가봉(1,227m)·두류산(頭流山 1,204m)·도매봉(桃梅蜂 1,297m), 남부에 월기봉(月起峰 1,254m)·신원산(新院山 1,334m)·무선동산(無仙洞山 1,252m) 등이 솟아 있다. 자성강과 삼풍천을 비롯하여 크고 작은 하천들이 압록강으로 흘러들고 있다.

자성군에는 압록강 중류를 막아 건설한 대규모 수력발전소인 넓이 104.88㎢의 운봉호(雲峯湖)가 있으며, 운봉발전소를 비롯하여 소형발전소들이 여럿 있다.

자성군은 철로·도로·수로를 이용한 교통이 편리한 곳이다. 자성군에는 자성강유벌사업소(慈城江流筏事業所)를 비롯하여 림업과 관계된 기업들이 많은데, 압록강 상류와 지류에서 내려오는 통나무들을 끌어올려 목재가구들을 생산하는 운봉양륙사업소(雲峯揚陸事業所)는 자성군의 중요기업 가운데 하나이다. 이곳의 잣은 맛이나 생산량이 자강도에서 으뜸이며 양잠·양봉도 많이 하고 있다. 강수량이 자강도에서 두 번째로 적고 일조량은 첫 번째로 높다.

자성읍교회, 송암교회…. 자성군에 있었던 교회들

현재의 자성군에 예전에 있었던 교회들을 찾아본다.

예전의 자성면에는 자성읍교회(慈城邑教會 1908년 설립: 자성면 읍내동 319번지 소재, 현 자성읍)와 대중동교회(大中洞教會: 대중동 소재)가 있었다. 예전은 자성면은 현재 자성군의 중부 지역으로 자성읍교회가 있었던 읍내동은 운봉호의 남쪽 끝부분이다. 만포시에서 자성군을 연결하

자성이라는 이름은 자작나무에서 유래가 되었다고 한다. 예전에 화전민들이 자작나무가 많이 자라는 고개 밑에 마을을 이루고 살면서 마을 이름을 자작마을이라고 하였는데, 이 자작리 마을에 성을 쌓고 새로 설치한 고을이라고 하여 자성이라는 이름을 갖게 되었다는 것이다.

자성군에는 압록강 중류를 막아 건설한 대규모 수력발전소인 넓이 104.88㎢의 운봉호(雲峯湖)가 있으며 운봉발전소를 비롯하여 소형발전소들이 여럿 있다.

송암교회

1905년 세워진 송암교회는 김응호 장로가 섬겼고, 교역자로는 1940년대부터는 김응하가 시무했다. 소나무와 바위가 많다하여 송암이라 하였는데, 지하자원으로는 사금이 매장되어 있다. 송암교회가 재건되어 정금과 같은 신앙인들이 많이 일어나기를 기도한다.

는 길이 여기에서 중강군으로 가는 북쪽 길과 화평군으로 가는 남쪽 길로 갈라진다.

예전의 자하면에는 송암교회(松岩敎會: 1905년 설립. 송암동 323번지 소재, 현 송암리) · 법동교회(法洞敎會 1908년 설립: 법동소재, 현 상평리) · 연풍교회(延豊敎會: 연풍동 소재, 현 연풍리) · 호동교회(芦洞敎會: 호동소재, 현 호례리) · 상서해평교회(上西海坪敎會: 상서해평 소재, 현 상평리) · 하서해평교회(下西海坪敎會: 하서해평 소재)가 있었다.

예전의 자하면은 현재 자성군의 북동쪽, 중강군과 맞닿아 있는 곳으로 자성강의 하류지역이다. 연풍교회가 있었던 연풍동은 압록강 연안지역이며 상서해평교회와 하서해평교회는 운봉호 서쪽에 있었다.

예전의 삼풍면(三豊面)에는 조아동교회(照牙洞敎會: 조아동 소재, 현 조아리) · 운봉교회(雲峰敎會: 운봉동 소재, 현 운봉로동자구) · 구중영교회(舊中營敎會: 인풍동 소재) · 동곡교회(東谷敎會: 동곡동 소재)가 있었다.

예전의 삼풍면은 현재 자성군의 중남부 지역으로 이 지역에 류삼약수(流三藥水)가 있다.

삼풍천이 흐르기 때문에 이 지역의 이름이 삼풍면이 되었는데 예전의 삼풍면 안에는 영풍동(永豊洞) · 신풍동(新豊洞) · 인풍동(仁豊洞), 이와 같이 '풍' 자가 들어가는 동이 셋 있었다.

자성군에 있던 교회들은 산서노회에 속해 있었다.

우리의 기도

• 자성군이 주님의 자비를 기억하는 곳이 되게 하여 주옵소서.

• 자성군의 여러 림산기업소에서 일하는 노동자들의 안전을 지켜 주옵소서.

• 자성군은 일조량이 자강도에서 제일 많은 곳인데, 자성군 주민들의 영혼에도 햇볕이 밝게 비취게 하여 주소서.

국경의 망중한(忙中閑)

국경 초소의 한 북한 병사가 총(원내)을 잠시 내려놓고
친구 병사와 함께 담소하는 광경이 카메라에 잡혔다.

"무리가 그 칼을 쳐서 보습을 만들고 창을 쳐서 낫을 만들 것이며
이 나라와 저 나라가 다시는 칼을 들고 서로 치지 아니하며 다시는 전쟁을 연습하지 아니하고
각 사람이 자기 포도나무 아래와 자기 무화과나무 아래에 앉을 것이라"(미 4:3~4)라는 말씀을 잠시 생각나게 하는 광경이다.

··06 중강군(中江郡)
가장 추운 곳, 선조들의 북방개척 의지가 서려 있는 곳

이제 우리는 자강도의 동쪽 끝에 있는 중강군을 바라보게 되었다. '중강'이라는 이름은 압록강의 중간에 위치해 있다고 해서 붙여졌는데, 중강이라고 하면 '우리나라에서 제일 추운 곳'이라는 사실을 먼저 떠올리는 분들이 많을 것이다. 이곳은 1933년 1월 12일에 영하 43.6도까지 내려간 기록을 가지고 있다. 중강군은 전형적인 대륙성 기후의 특징을 보이는 곳이다.

북의 속담 가운데 '삼수갑산을 갈지언정 중강진은 못 간다.'라는 것이 있다. '마음에 들지 않는 일은 어떤 피해가 있더라도 절대로 할 수 없다.'는 뜻을 가진 속담이다. 삼수갑산은 산이 험한 오지(奧地)여서 예전에 정배를 많이 보내던 곳인데, 이 속담에는 중강진은 가기 싫은 곳이라는 뜻이 은연 중에 들어있다.

김일성 주석은 여덟 살 때부터 얼마 동안 중강에서 산 일이 있었다. 그가 고향인 만경대를 떠나 중강으로 간 것은, 당시 조선국민회를 조직하여 독립운동을 하던 아버지 김형직이 활동거점을 자주 옮긴 데 따른 것이었는데, 김일성은 중강으로 갈 때의 일을 「세기와 더불어」에 "중강은 조선에서 제일 추운 고향이라고들 하였다. 그러나 아버지만 안전하다면 추

● **중강군**
'중강'이라는 이름은 압록강의 중간에 위치해 있다고 해서 붙여졌는데, 중강이라고 하면 '우리나라에서 제일 추운 곳'이라는 사실을 먼저 떠올리는 사람들이 많을 것이다. 이곳은 1933년 1월 12일에 영하 43.6도까지 내려간 기록을 가지고 있다. 중강군은 전형적인 대륙성 기후의 특징을 보이는 곳이다.
로스 선교사는 강 건너 중국 림강에서 이곳 중강진을 바라보며 조선의 복음화를 위해 기도했다.
김일성 주석의 아버지 김형직 선생은 일제의 탄압을 피해 이곳 중강진에 와서 독립운동을 했다.

위 같은 것은 얼마든지 참을 수 있었다.”라고 적었다.

김일성 주석의 아버지는 중강의 여인숙을 거점으로 압록강 연안 지역의 독립운동가들과 연락을 하다가, 중강경찰서에서 그를 체포하려 한다는 것을 알고 압록강을 건너 림강시로 피했다. 당시 일제는 우리나라의 산림채벌권을 빼앗고 신의주에 영림창을 설치했고 중강에는 지창(支廠)을 둔 다음 벌목부들을 이주시켰는데, 이 벌목부들은 재향군인들이 많이 끼어 있는 반군사 집단이었다. 중강에는 무장경찰과 정규군 수비대도 주둔하고 있었다.

중강을 떠난 김일성 주석의 아버지는 림강시에서 순천의원을 차리고 찾아오는 환자들을 대했다. 소년 김일성은 림강시에서 소학교를 다니며 중국어를 배우기 시작해서 중국어를 자유롭게 구사할 수 있게 되었다.

남한의 기상청은 2009년 7월 이전까지는 평안남북도·황해도·함경남북도로 분류한 3개 광역과 평양·중강진·개성·해주·청진·함흥의 여섯 곳에 대해서만 예보를 했다. 이때 중강진이 북한의 대도시들 틈에 끼어 일기예보 대상지역이 된 것은 가장 추운 곳이라는 점 때문이었을 것이다.

지금은 북한 27개 도시에 대한 상세한 일기예보를 발표하고 있는데, 기상청이 관측자료 부족과, 예보가 과연 제대로 맞았는지 아닌지 검증하는데 한계가 있다는 애로를 무릅쓰고 북한 전역에 대한 상세한 일기예보를 발표하고 있는 것은 북한의 핵실험, 미사일발사 등과 같은 큰 사건 때 우리가 북한의 상세한 날씨 정보가 필요하게 된 시대적인 상황도 반영되어 있지만 무엇보다도, 통일에 대비해서 북한지역에 대한 예보기술을 축적해 둘 필요성이 생겼기 때문이라고 한다.

중강군은 마산에서 출발한 국도 5호선의 종점이다. 국도 5호선은 마산에서 출발해서 달성·칠곡·안동·단양·원주·춘천을 거쳐 중강진에 이르고 있는데 총 연장은 1,252.2㎞다.

현재의 중강군은 예전 자성군의 일부로서, 자성군의 동북지역인 중강면과 장토면(長土面), 그리고 평안북도 후창군(厚昌面)의 후창면 일부

중강군 중덕리마을

하장배교회가 있었던 중덕리 주머니골 칠학산 기슭에는 천연기념물 113호 중강식물화석이 있다. 중강식물화석은 쥐라기 하반기시대의 표준 화석으로 널리 알려져 있다. 평온해 보이는 중덕리에 하나님의 평강이 깃들기를 기도한다.

가 합해서 신설되었다.

중강군에는 랑림산맥과 학성산맥이 뻗어 있어서 군 둘레와 안에 해발 1,000m가 넘는 산이 열 개나 솟아 있는데, 중강군 안에 있는 오수덕잣나무림은 천연기념물 114호로 지정되어 있다. '오수'(烏首)덕에서 '오수'는 1910년에 일어난 산불로 이 고원의 밀림이 몽땅 불타버리고 나무 그루터기만 까마귀 머리처럼 남아 있다고 하여 붙여진 이름이고, '덕'(더기)은 고원의 평평한 땅을 가리키는 말이다.

중강군은 산림이 전체 면적의 80% 이상인 산간군인데, 그런 가운데에서도 중강읍 일대의 압록강 기슭에는 자강도의 3대 벌(평야) 가운데 하나인 중강벌이 있다.

중강군은 자강도의 주요 곡물생산기지인데 특히 고추를 비롯한 양념감 채소를 많이 재배하고 있으며 양잠과 양봉도 많이 하고 있다. 철로는 통과하지 않으며 운봉호를 이용한 정기선박이 운항되고 있다.

조선왕조의 세종대왕은 서북 방면의 여진족을 막기 위해 압록강 상류에 여연(閭延)·자성(慈城)·무창(茂昌)·우예(虞芮)의 4군을 설치했는데, 중강군 안에는 그때의 유적으로 여연성·우예성·만흥리봉수(滿興里烽燧)·중덕리봉수(中德里烽燧)·호하리봉수(湖下里烽燧) 등이 국가지정문화재 보존급으로 남아 있다. 중강군은 이와 같이 선조들의 북방개척 의지를 볼 수 있는 곳이기도 하다.

로스 선교사의 기도

현재의 중강군에 예전에 있었던 교회들을 찾아본다.

예전의 자성군 중강면에는 중강제일교회(中江第一教會 1903년 설립: 중상동 소재, 현 중상리)·중강제이교회(中江第二教會 1932년 설립: 중평동 소재)·건하교회(乾下教會 1929년 설립: 건하동 소재, 현 건하리)·연풍덕교회(連豊德教會: 만흥동 연풍덕 소재)·만흥하동교회(晚興下洞教會: 만흥하동 소재, 현 오수리)·진평교회(陳平教會 1927년 설립: 진평시 712의 11 소재, 현 오수리)·서수덕교회(西水德教會: 만흥동 소재)·천상수덕교회(天上水德教會: 천상수동 소재)·건포덕교회(乾浦穂

중강제일교회
1903년에 세워진 중강제일교회는 변경준, 최응호, 박복수, 조승근이 설립에 앞장섰으며, 김병식, 이재명, 전익변, 김성주 장로가 섬겼다. 교역자로는 주하룡, 최준극 목사가 이 교회를 섬겼다.

敎會: 만흥동 건포덕 소재, 현 오수리) · 하장배교회(下長俳敎會 중덕동 하장배 소재, 중덕리)가 있었다.

중강제일교회는 중강진교회라고도 불렀는데, 주하룡(朱夏龍) 목사 · 최준극(崔俊剋) 목사 등이 이 교회를 섬겼다.

[주하룡 목사]

중강제일교회를 담임했었던 주하룡 목사는 자성읍에서 출생했는데, 예수를 믿은 다음 조사로 임명받아 강계군의 여러 교회에서 목회를 하였고 평양신학교 재학중에 3 · 1 만세운동이 일어나 학교가 휴교를 하자, 강계로 내려와서 뜻을 같이 하는 사람들과 힘을 합해 만세시위를 벌였다. 그는 강계 만세시위 주모자의 한 사람으로 체포되어 옥고를 치루고 출옥 후에 신학 수업을 계속하면서 조사로 강계군 안의 여러 교회를 섬겼다. 1923년 신학교를 졸업하고 산서노회에서 목사안수를 받았으며 그 다음 해에 중강진제일교회 담임목사로 부임하여 교회를 크게 부흥시켰다.

1934년, 취임 10주년 기념예배를 드리고 그해 중강진제이교회를 개척하여 부임하였다. 주하룡 목사는 해방 전에 별세한 것으로 알려져 있다.

건하동교회는 이무성(李武盛) 전도사 등 여러 교역자들이 섬겼다. 예전 중강면의 옛 이름은 여연면(閭延面)이며 현재 중강군의 동북지역으로 량강도(兩江道) 김형직군(金亨稷郡)과 닿아 있는 곳이다.

예전의 자성군 장토면에는 장성교회(長城敎會 1910년 설립: 호서동 소재, 현 장성리) · 호예교회(湖芮敎會) · 토성교회(土城敎會: 토성동 소재, 현 토성리) · 호상중동교회(湖上中洞敎會)가 있었다.

예전의 장토면은 현재 중강군의 서남부 지역이다. 원래 이름은 우예면이었는데 북방지역의 성채인 장성과 토성이 있었던 지역이라 하여 장토면으로 이름을 바꿨다.

장성교회는 이기형(李基馨) 목사 등 여러 교역자가 섬겼다. 이기형 목사는 의주 출신으로, 조사로 의주군의 여러 교회를 섬겼고, 1911년에 평양신학교를 졸업하고(제4회) 목사 안수를 받은 다음에는 의주군 · 자성군 여러 교회와 서간도에서 지방전도 목사로 일하다가 1924년부터 35년까지 장성교회를 담임하였다.

예전의 평안북도 후장군 후창면 일부가 중강군에 편입되었는데 그 지

장성교회
1910년에 세워진 장성교회는 안병송, 강문봉이 창립교인으로 참여했으며, 장로는 이춘삼, 김인도, 이기정, 교역자는 이기형 목사가 섬겼다. 장성교회가 있었던 장성리에는 압록강 기슭의 작은 장성벌이 펼쳐져 있으며, 지하자원으로는 철이 매장되어 있다.

역에 있었던 교회로는 상장교회(上章教會 1927년 설립: 장흥동 소재, 현 장흥리)가 있다.

상장교회는 오현수(吳賢洙) 전도사 등 여러 교역자가 섬겼다. 이 지역은 자성군의 북부 지역으로 중국 길림성의 림강시(臨江市)를 마주 보고 있는 곳이다.

중강군은 변방오지이고 추운 곳이면서 이와 같이 교회가 많았다. 1800년대 중국 동북지역에서 선교 활동을 하고 있던 존 로스 목사가 중강군 건너편의 림강시까지 선교 여행을 왔었다는 기록이 있는데 이때 로스 목사는 압록강 너머 조선땅(중강군)을 바라보며 간절히 기도했을 것이 분명하다. 중강군에 교회가 많은 것은 로스 선교사의 기도와 무관하지 않을 것이다.

장흥리와 상장교회
1927년에 설립된 상장교회는 오현수 전도사 등 여러 교역자가 섬겼다. 상장교회가 있었던 장흥리는 압록강 기슭을 따라서 좁고 긴 충적평야가 전개되어 있다. 주로 옥수수, 벼, 고추 등을 재배하고 있다. 옥수수 생산량은 군내 첫 자리를 차지하며, 고추산지로 유명하다.

조창호 소위, 그대 다시 중강에 가지 못하고….

중강군을 바라보면서 우리가 꼭 기억해야 할 인물이 있다. 1994년에 탈북한 국군포로 조창호(趙昌浩) 소위(탈북 당시 계급)이다.

조창호는 평양에서 태어나 일곱 살 때 서울로 이주하였다. 연세대학교 교육과에 입학한 해에 6·25전쟁이 일어나자 포병간부후보생으로 자원 입대하여 관측장교로 참전하였다. 1951년 5월에 강원도에서 포로가 되었는데 탈주 모의 및 기도 혐의로 13년 형을 언도받고 여러 곳의 임시 교화소를 거쳐 만포수용소·아오지 특별제일수용소·강계교화소에서 고초를 겪었다. 많은 포로들이 절망감과 힘든 생활을 이기지 못해서 목숨을 잃어가는 가운데에서도 조창호는 신앙으로 버틸 수 있었다.

중강제이교회 예배당
1주년 기념촬영(1933년)

그 일을 그는 그의 수기 「돌아온 사자(死者): 조창호의 북한생활 사십삼년」에서 이렇게 적었다.

다시 생각해보면 1천 명 가운데 한 명 살아 남을까말까 한 그 지옥 같은 교화소에서 내가 어떻게 살아 나왔을까 신기하다. 그러나 끝내 버리지 않는 희망이 내 삶을 버티게 해준 원동력이었다고 믿는다. 많은 사람들은 교화소에 들어오면 자포자기하고 모든 희망을 버렸지만, 나는 도리어 자포자기하던 생활을 한 단락 지으며 거꾸로 희망을 가지고 생활하였다. 또 어려서부터 부모님에게서 물려받은 신앙의 힘도 큰 도움이 되었다. 교화소뿐만 아니라 북한의 어디에도 신앙의 자유란 없다. 그러나 교회에 나가서 예배를 볼 수는 없었어도 항상 마음속으로 기도하고 간구했다. 물론 찬송도 부를 수 없었지만 입 속으로 늘 불렀다.
나 혼자 이겨내지 못할 괴로움을 겪을 때마다 주님께 간구하면 주님은 내게 늘 평안함과 새로운 의욕을 주셨다. 또 내가 괴로움을 이기지 못해 주님을 수없이 원망하더라도 종국에는 평안함을 가져다 주셨다. 마음속으로 기도를 하면 어머니의 얼굴을 떠올릴 수가 있었다. 어머니께서 이 못난 자식을 위해 얼마나 오랜 시간을 기도하실까도 어렵지 않게 떠올릴 수 있었다. 그래서 더욱 그 순간만은 어머니와 함께 있다고 믿어졌다.
늘 어머니께서 잘 부르시던 찬송을 생각했다. 그 찬송은 지금도 찬송가를 보지 않고서도 혼자 부를 수 있다. 43년의 질곡도 내게서 신앙을 빼앗아가지는 못했다.
예수는 나의 힘이오, 내 생명 되시니
구주 예수 떠나가면 죄 중에 빠지리
눈물이 앞을 가리고 내 마음 근심 쌓일 때,
위로하고 힘주실 이 주 예수

조창호 집사
탈북하여 귀환신고를 하는 조창호 소위. 조창호의 어머니는 아들이 신학과에 가기를 원했으나 조창호는 교육학을 공부하고 나서 신학은 나중에 해도 늦지 않다고 말씀드리고 연세대 교육학과에 진학했다. 그는 1944년 11월 중위로 전역했는데 용인 수지에 있는 그의 집에 심방을 가면 사진의 군모를 소중하게 보관하고 있는 것을 볼 수 있었다.

교화소 생활을 마친 조창호는, 납을 캐는 화풍광산의 광원(鑛員)으로 배치되어 10년을 일하고, 중강군의 호하광산으로 옮기게 되었다. 호하광산은 동을 캐는 노천광인데 조창호는 그의 수기에서 '호하는 무척 추운 곳'이라고 적고 있다. 호하는 중강군의 서부, 호내강(湖內江) 하류 압록강 기슭에 있는 마을인데 1977년에 호하로동자구가 되었다.
광산에서 규폐증 2기 환자가 되고, 왼쪽 눈을 실명하고, 왼쪽 다리를

● **압록강 뗏목**
교통이 불편한 북한은 벌목한 나무들을 압록강 뗏목을 이용하여 운반한다. 압록강을 거슬러 올라가다보면 뗏목을 자주 보게 된다.

절단하는 등, 만신창이가 되어 광원생활을 마치고 은퇴하여 호하에서 생활을 하던 중에, 장사하러 다니는 중국동포를 통해 서울의 가족들과 연결이 되었고, 마침내 탈북을 감행하여 자유의 품에 안길 수 있었다.

남한에 온 조창호는 어려서부터 출석하던 새문안교회에 열심히 출석하며 신앙생활을 잘 하다가 2006년 11월 19일, 주위 사람들이 읽어주는 시편 23편을 들으며 조용히 눈을 감았다.

조창호 집사는 "호하는 참으로 이상한 땅이다. 비가 오면 물이 빠지지 않아 진흙탕이 된다." 하고서 "통일이 되면 좋은 장화를 사서 신고서 그 고마운 호하를 한 번 올라가 볼 참이다. 그 땅이 그리워서가 아니라 나에게 기회를 만들어 준 고마운 땅이기 때문이다."라고 하였는데 통일을 보지 못하고 눈을 감았다.

우리의 기도

- 중강군은 변방의 산간 오지이면서도 많은 교회들이 있었는데 머잖아 그보다 더 많은 교회들이 세워지게 하여 주옵소서.
- 호하로동자구에서 일하는 노동자들의 안전을 지키고 위생과 생활여건이 향상되게 하여 주옵소서.
- 중강군 주민들을 위로하고 힘을 주옵소서.

"십자가 그늘 아래나 쉬기 원하네…"

십자가 모양을 한 전주 밑의 국경 초소에서 인민군 병사 두 명이 휴식을 취하고 있다.

저들의 입에서 "내 눈을 밝히 떠서 저 십자가 볼 때 날 위해 고난 당하신 주 예수 보인다……"
이런 고백이 흘러 나올 날을 주여, 속히 주옵소서!

[량 강 도]

량강도는 1954년에 함경남도 일부 지역과 함경북도의 일부 지역을 분리해서 신설된 도인데,
압록강과 두만강을 끼고 있는 지역이라고 하여 량강도라는 이름을 갖게 되었다.
량강도는 자유롭고 개방적인 캐나다 장로교의 선교를 받아 량강도의 교회들은,
보수적인 평안북도나 자강도들의 교회들과는 사뭇 다른 분위기를 가지고 있었다.

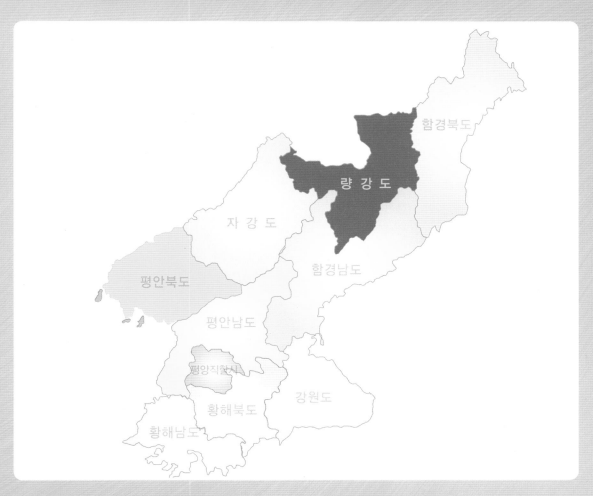

량강도

조 중변경 탐사의 길에 올라 압록강 건너편에서 평안북도를 바라보며 출발한 우리의 발길은 평안북도에 이어 자강도에 속한 시와 군들을 바라보는 일을 마치고, 량강도에 속한 시와 군들을 바라보는 지점에 서게 되었다.

량강도는 1954년에 함경남도 일부 지역과 함경북도의 일부 지역을 분리해서 신설한 도인데, 압록강과 두만강을 끼고 있는 지역이라고 하여 량강도라는 이름을 갖게 되었다. 백두산과, 우리나라 고원들 가운데 규모가 가장 큰 개마고원이 량강도 안에 있으며 도의 대부분이 고원지대로서, 도의 평균 해발이 무려 1,388m에 이른다. 우리나라 평균 해발 440m의 세 배가 되는 셈이어서 '우리나라의 지붕' 이라는 말을 듣고 있다.

량강도에는 도 인민정부 소재지인 혜산시(惠山市)를 비롯해서 갑산·김정숙·김형권·김형직·대홍단·백암·보천·삼수·삼지연·운흥·풍서의 11군이 있다. 량강도에 김일성 일가의 이름을 딴 지명들이 많은 것은 이곳이 '항일혁명투쟁시기의 전적지와 사적지가 가장 많은 도' (「조선대백과사전」)이기 때문이다. 북이 이른바 김정일이 탄생한 곳이라고 말하고 있는 백두산 밀영의 고향집도 량강도 안에 있다.

량강도에서 압록강과 두만강을 끼고 있는 곳들을 서쪽에서부터 차례로 적으면 김형직군·김정숙군·삼수군·혜산시·보천군·삼지연군·대홍단군이다. 우리가 거슬러 온 압록강은 삼지연군에서 끝나며, 이곳에서부터는 두만강의 건너편을 바라보며 동쪽으로 가게 된다.

량강도의 교회 역사는 지금까지 살피며 온 평안북도와 자강도와는 사뭇 다르다. 평안북도와 자강도는 예전에는 모두 평안북도였는데, 미국북

장로회가 선교를 담당했다. 자강도는 함경남도와 함경북도의 일부지역
이었는데, 함경도 선교는 캐나다 장로교가 담당했었다. 캐나다 장로교는
자유롭고 개방적이었다. 다만 김형직군은 예전 평안북도 후창군이었기
때문에 미국북장로교회의 선교를 받았다.

자, 김형직군에서 시작해서 대홍단군까지, 이곳들은 어떤 곳인지, 이곳
에는 어떤 교회들이 있었는지, 어떤 인물들이 수고했는지를 차례로 살펴
보자.

..01 | 김형직군(金亨稷郡)

배움의 천리길 출발점. 광복의 천리길 종착점

김형직군의 원래 이름은 후창군이며, 평안북도에 속해 있다가 1949년에는 자강도에, 1954년에는 량강도에 속하게 되었고, 1988년에 김형직군으로 이름이 바뀌었다. 김형직은 김일성 주석의 아버지로서, 지명을 이렇게 바꾼 것은 김일성 주석 일가의 위상을 높이기 위한 작업의 하나로 여겨지고 있다.

현재의 량강도 김형직군은 예전 평안북도 후창군의 동신면(東新面)과 후창면·동흥면(東興面)의 일부이다. 예전 후창군의 칠평면(七坪面)은 자강도 화평군(和平郡)에, 후창면 일부는 중강군에서 살펴본 것과 같이 자강도 중강군에, 후창군 동흥면 일부는 김정숙군(金貞淑郡)에 편입되었다.

김형직군의 중요 하천으로 길이 36.5㎞의 후창강(厚昌江)이 있는데 후창강은 8개의 지류를 모아 압록강으로 유입된다. 김형직군에는 높이 2,185m의 희색봉(稀塞峰)을 비롯해서 높은 산들이 여럿 있으며, 북부 압록강 기슭의 대부분은 절벽으로 되어 있다. 산림이 군 전체 면적의 92.8%로서 산림자원이 많은 군이다.

김형직군은 량강도에서 가장 따뜻한 지역이다. 김형직군의 고읍로동자구에는 주변의 갑산군·김정숙군·삼수군 등에서 생산되는 통나무를 운

하산포(河山浦)

포평에서 중국 팔도구를 넘나들던 포구로 김형직과 김일성은 이곳을 이용했을 것으로 추측된다.

항일련군 제1로군 제2방면군 사령관 김일성(왼쪽)
(용정중학교에 전시되어 있는 사진)

송하고 가공하는 압록강류벌사업소(鴨綠江流筏事業所)가 있다. 이곳에서는 압록강을 따라 내려오는 뗏목들을 흔하게 볼 수 있다.

　김형직군의 김형직읍에는 전국의 학생과 소년들을 받아들여 야영과 등산, 혁명사적지 답사 등을 하는 포평중앙소년단야영소(葡坪中央少年團野營所)와 김일성 일가의 혁명업적을 보여주는 사적자료를 전시하고 있는 포평혁명사적관(葡坪革命史蹟館)이 있다.

　혜산–만포청년선이 김형직군을 통과하는데 이 철로에 여러 개의 임산철도가 부설되어 있다.

　현재의 김형직군에 예전에 있었던 교회들을 찾아본다.

　예전의 평안북도 후창군 후창면에는 후창읍교회(厚昌邑教會 1912년 설립: 군내동 103번지 소재, 월탄로동자구)·덕전교회(德田教會: 회동 소재, 현 로탄로동자구)가 있었다.

　예전의 후창면은 현재 김형직군의 서북부 지역으로 강계에서 김형직군을 지나 김정숙군으로 가는 도로의 서쪽이다.

　예전의 후창군 동신면에는 두지동교회(杜芝洞教會: 두지동 소재, 1938

배움의 천리길 출발점·
광복의 천리길 종착점

압록강변에서 김형직군을 바라보면 규모가 큰 구조물이 하나 눈에 들어온다. 구조물의 형태와 여러 기록을 보면
이것이 배움의 천리길 출발점이고, 광복의 천리길 종착점인 것이 거의 확실하다.(111쪽 참조)
김일성 회고록「세기와 더불어」1권에는 이때 김일성이 부모의 슬하를 떠날 때의 모습이 자세하게 기록되어 있다.
김일성은 "나는 지금에 와서도 그때 아버지가 나를 조선에 내보내준 것이 옳은 처사였다고 생각한다.
어쨌든 우리 아버지가 열두살도 되지 않은 자식을 당시는 무인지경이나 다름 없었던 천리길에 홀로 내세운 것을 보면
보통 성미가 아니였다. 그 성미가 오히려 나에게는 힘으로 되고 믿음으로 되였다."고 적었다.

무창교회가 있었던 무창리
무창리는 다른 마을에 비해 논이 비교적 많은 편이며 과수업과 양잠업이 성황을 이룬 곳이다. 이곳 무창리에 다시 무창교회가 세워질 수 있도록 기도해야겠다.

년 장로교 주소록에는 '杜'가 모두 '社'로 오식이 되어 있다. 현 두지리)·무창교회(茂昌敎會: 무창동 소재, 현 무창리)가 있었다.

예전의 후창군 동신면은 현재 김형직군의 중북부 지방으로 두지동교회가 있었던 두지동은 압록강 연안의 혜산-만포청년선이 통과하는 곳이다. 두지라는 이름은 쌀을 많이 생산하는 곳이라고 하여 쌀 뒤주에서 온 것이며, 무창이라는 이름은 수풀이 무성한 고장이라는 뜻이다.

예전의 후창군 동흥면에는 라죽교회(羅竹敎會: 라죽동 소재, 라죽리)와 고읍교회(古邑敎會: 고읍동 소재, 현 고읍노동자구)가 있었다.

예전의 후창군 동흥면은 현재 김형직군의 동남지역으로 김정숙군과 경계를 이루고 있는 곳이다.

김형직군이라는 이름의 유래가 된 김형직(金亨稷, 1894~1926)은 앞에서 말한 것과 같이 김일성 주석의 아버지이다.

김형직은 1917년 3월 강동군에서 항일 독립운동 단체인 조선국민회를 결성해서 활동하던 중에 일본 경찰에 체포되어 옥고를 겪은 뒤 중국동북지역으로 망명했으며, 32세의 젊은 나이에 세상을 떠났다.

두지역
압록강을 따라 가다보면 아담한 느낌을 주는 두지역이 발걸음을 멈추게 한다. 두지역이 있는 이 부근에 두지동교회가 있었다.

북에서는 김형직을 '민족해방운동의 탁월한 지도자'로 추앙하고 있다. 북의 「조선대백과사전」 '김형직' 항목은 '위대한 수령 김일성 동지의 아버님이시며 위대한 령도자 김정일 동지의 할아버지이시며 우리나라 반일민족해방운동의 탁월한 지도지이시며 불요불굴의 혁명투사'라는 말로 시작되고 있으며, 북의 곳곳에 '김형직 선생님의 혁명사적비'와 동상, 반신상이 있고 김형

두지리의 너와집
압록강변에는 사진과 같이 지붕에 기와 대신 너와(나무껍질)를 얹어 지은 집들을 많이 볼 수 있는데, 척박한 생활 형편을 대변해 주고 있다. 북에서는 이런 집을 동기와집이라고 부른다. 포평예배당도 이런 너와집이었다.

직 사범대학을 비롯하여 그의 이름을 붙인 기관들이 여럿 있는데 김형직군 안에도 김형직인민병원, 김형직기념품공장, 김형직방직기재공장이 있다.

김형직군에 있는 포평은 김형직과 관계가 깊은 곳이다. 앞의 중강군 편에서 김일성 일가가 고향을 떠나 중강으로 옮겼다가 일제의 체포를 피해 압록강을 건너 림강으로 간 일을 말했는데, 여기도 안전하지 않아 250리 떨어진 팔도구로 거처를 옮기게 되었다. 팔도구로 옮길 때 방사현이라는 전도사가 발구(눈, 얼음, 언 땅에서 짐을 나르는 농기구)로 이사를 도와

김형직군 죽전리 전경
풀을 뜯는 소들의 모습이 평화로운 죽전리는 축산업이 주를 이루며, 주로 소, 돼지, 양, 염소, 닭 등을 사육하고 있다. 마을을 가로질러 후창강이 흐른다.

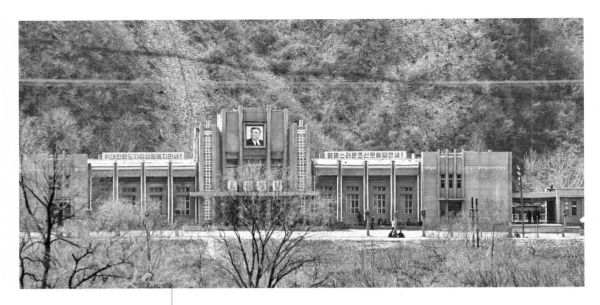

포평 청년역

김형직읍 서남쪽에 있는 기차 정거장. 혜산~만포청년선이 통과하고 있다. 포평리가 포삼리에 편입됨에 따라 행정구역으로는 쓰이지 않고 있으나 포평마을, 포평나루터, 그리고 포평청년역, 이런 이름들은 그대로 남아 있다.

주었다. 팔도구 건너편이 포평인데 김형직은 포평예배당에 많이 다녔다. 김일성의 회고록 「세기와 더불어」에는 이때의 일을,

> 그 당시 아버지가 많이 다니던 곳의 하나가 포평례배당이었다. 례배당이라 하지만 뾰족지붕에 십자가가 달린 집이 아니라 보통 동기와집(나무로 만든 기와를 이은 집)으로서 사이벽을 터쳐 통칸으로 쓰는 것이 여느 집과 다를 뿐이었다.
>
> 아버지가 팔도구에 온 다음부터 그 례배당은 군중을 교양하는 장소, 국내혁명가들의 집합장소로 리용되었다. 아버지는 례배가 있는 날마다 포평에 건너가 사람들을 모아 놓고 반일선전을 하였다. 때로는 풍금을 타면서 노래도 배워 주었다.
>
> 아버지가 못 가는 날은 어머니나 형권 삼촌이 례배 보러 오는 사람들을 모아 놓고 반일 교양을 하였다. 나도 철주를 데리고 그 례배당에 찾아 가 아버지에게서 풍금타는 법을 배웠다.

라고 적고 있다.

포평례배당이라는 이름은 해방 전 북한지역의 교회 관련 기록에는 나오지 않는다. 아마도 두지동교회나 무창교회를 '포평에 있는 례배당' 이라

는 뜻으로 그렇게 적지 않았나 여겨진다. 아무튼 포평례배당은 김일성과 그 부모, 삼촌, 동생의 발길이 담겨 있는 의미 있는 장소이다. 포평은 '머루덩굴이 많은 곳의 벌마을' 이라는 뜻다.

김일성 주석은 12세인 1923년에 '조국을 알아야 한다' 는 아버지의 뜻을 따라 공부를 하기 위해 팔도구를 떠나 포평나루를 건너 천리 길을 걸어 14일 만에 고향으로 돌아왔다. 북에서는 이것을 '배움의 천리길' 이라고 부르면서 청소년들을 대상으로 배움의 천리길 답사행군을 실시하고 있다. 이 답사행군은 김형직군 김형직읍 포평에서 출발한다.

김일성 주석은 고향에서 공부를 하다가 14세에 '조국이 독립하지 않으면 돌아오지 않으리' 맹세하고 만경대를 떠나 역시 도보로 팔도구로 돌아갔다. 이것을 '광복의 천리길' 이라고 부르는데 광복의 천리길은 포평을 종착점으로 한다.

김일성 주석은 1927년에 중국의 무송(撫松)에서 연예선전대를 조직하여 여러 곳을 순회하면서 공연을 하였는데, 이때 김형직 군의 두지동에 와서도 공연을 하였다.

현재의 김형직군에 있었던 교회들은 장로교 산서노회의 관할하에 있었다.

우리의 기도

- 북의 지나친 김일성 가계(家系) 숭배가 시정되게 하여 주옵소서.

- 김형직군의 포평중앙소년야영단에서 훈련을 받기 위해 전국에서 모여드는 북의 학생소년들이 과거 이곳에 교회가 여럿 있었다는 사실을 알게 하여 주옵소서.

- 김형직군에서 채벌작업을 하고 임산철도나 강을 통해 운반하는 인부들의 안전을 지켜 주옵소서.

∙∙02 | 김정숙군(金正淑郡)

김일성의 첫 번째 부인 김정숙이 항일운동을 위해 자주 찾았다는 곳

현재의 량강도 김정숙군은 원래는 함경남도 삼수군(三水郡)의 일부분이었다. 1952년 군면리대폐합 때 삼수군의 신파면(新坡面)·자서면(自西面)·삼서면(三西面)과 호인면(好仁面)의 일부, 평안북도 후창군 후창면 일부를 가지고 신파군을 새로 만들었는데, 1954년에 량강도가 신설되면서 신파군은 량강도에 속하게 되었고, 1981년에 김일성의 첫 번째 부인의 이름을 따서 김정숙군으로 이름이 바뀌었다.

김정숙군은 개마고원의 기슭에 위치해 있는데 높은 산줄기에 둘러싸여 있고 산들이 많은 것이 특징이다. 산림이 군 전체 면적의 94%를 차지하고 있고, 장진강(長津江)이 흐르고 있다. 림업이 중요한 비중을 차지하고 있으며, 룡하로동자구에 있는 룡하림산사업소(龍河林山事業所)는 김정숙군의 기간(基幹)사업체로 산하에 많은 작업소들을 두고 있다.

북의 기록에 따르면 김정숙(1917~1949)은 함경북도 회령시(會寧市)에서 태어나 1936년부터 김일성과 함께 조선인민혁명군에서 항일 투쟁을 하면서 여러 전투에 참가하였는데 김일성의 신변을 지키는 데 주력하였다.

김정숙은 국내의 북쪽 여러 지방에서 공산조직을 확대하는 일을 하였

김정숙군의 김정숙읍 전경
1954년에 량강도가 신설되면서 신파군은 량강도에 속하게 되었고, 1981년에 김일성의 첫 번째 부인의 이름을 따서 김정숙군이 되었다.
김정숙군은 개마고원의 기슭에 위치해 있는데 높은 산줄기에 둘러싸여 있고 산들이 많은 것이 특징이다.

김정숙이 이용하던 나룻배와 신갈파(新乫坡) 나룻터
신갈파는 1444년 북방경비를 위하여 지금의 김정숙읍을 설치했던 진을 끼고 앉은 마을이라는 데서 비롯된 지명이다. '갈파'는 칡 또는 갈이 많은 고장이란 뜻이다. 김정숙군은 이곳 신갈파 나루터를 이용하여 중국을 오가며 독립운동을 했던 것으로 여겨진다. 그 당시 사용하던 배가 전시되어 있다.

는데 이때 현재의 김정숙군에 자주 찾아왔다. 북의 문건은 김정숙의 이와 같은 활동으로 "신파 일대에 당조직과 조국광복회 조직이 튼튼히 꾸려지고 조직에 결속된 인민들의 투쟁이 활발해짐으로써 이 지대는 국내의 넓은 지역에 지하혁명조직망을 확대해 나갈 수 있는 강력한 기지로 꾸려지게 되었다."고 기술하고 있으며, 김정숙군에 대해서는, "위대한 수령 김일성동지와 위대한 령도자 김정일동지, 항일의 녀성영웅 김정숙동지의 혁명사적이 깃들어 있다. 또한 우리나라 반일민족해방운동의 탁월한 지도자 김형직선생님, 불요불굴의 혁명투사 김형권동지의 혁명업적과 열렬한 애국자 리보익녀사의 불멸의 자욱이 새겨져 있다"(『조선대백과사전』)고 서술하고 있다.

현재 북에는, 김정숙을 기념하여, 김정숙교원대학·김정숙료양소(함북 경성군)·김정숙사범대학(량강도 혜산시)·김정숙 제1중학교(평남 평성시)·김정숙 탁아소(평양)·김정숙동지혁명사적관(함북 회령시)이 있으며, 김정숙군 안에는 김정숙중학교·신파혁명사적지·김정숙식료공장

김정숙읍 문화회관
김정숙의 업적을 기리기 위해 만들어
졌다.

등이 있다.

함중노회에 속해 있던 김정숙군의 교회들

현재의 김정숙군 안에는 교회가 많지 않았다. 예전 함경남도 삼수군 자서면(自西面)에 있었던 황철리교회(黃鐵里敎會: 황철리 소재, 현 황철리)와 등암리교회(登岩里敎會, 현 등암리)가 전부이다.

예전의 삼수군 자서면은 현재 김정숙군의 중부지역이며, 함경남도 부전군에서 김정숙군을 통과해서 삼수군으로 가는 도로 우측지역이다. 이 교회들은 함중노회(咸中老會)에 속해 있었다.

함중노회는 1925년 함북노회에서 분립한 노회로서, 당시 함경북도의 성진(城津)·명천(明川)·길주(吉州)와 함경남도의 단천(端川)·이원(利原)·갑산(甲山)·삼수(三水), 함경남북도의 중간지역에 있는 장로교회들을 관할하였다. 초대노회장은 강학린(姜鶴麟) 목사, 부노회장은 프록터(Procter 富祿道) 선교사였다.

김정숙읍 문화회관
김정숙의 업적을 기리기 위해 만들어
졌다.

중국 룡정의 룡정중학교에 전시된
김정숙의 항일운동 사진

함중노회의 중심은 캐나다선교부가 있던 성진(현 김책시)였다. 함중노회는 교회가 없거나 빈약한 내륙산간지역 전도를 위해 1927년 이 사업을 위한 특별 사역자회(使役者會)를 조직한 후, 단천·이원·삼수·갑산 등지에 전도인을 파송하여 큰 성과를 거두었는데, 현재 김정숙군에 있는 교회들은 이때 설립된 것으로 보인다. 1929년에 51교회, 1934년에는 61교회, 1938년에는 67개 교회가 이 노회 안에 있었다.

일제가 교회를 탄압하며 1943년 장로회 총회를 일본기독교조선장로교단으로 만들고 노회를 교구(敎區)제로 개편할 때, 함중노회 소속 교회들은 함북교구와 함남교구로 양분되어 흡수됨으로써 함중노회는 분해되고 말았다.

김정숙군 신사리
북한의 어린이들이 신나게 뛰어노는 모습이 남한의 어린이들과 다를 바 없다. 그러나 이 어린이들에게 주입된 잘못된 사상은 일생을 불행하게 만들 수 있다. 이들에게 하나님의 사랑을 심어 줄 수 있는 날이 속히 오도록 기도해야겠다. 예전에는 교회마당에서 어린이들이 이렇게 뛰어 놀았는데….

김정숙군의 혁명 선전구호
"항일의 녀성 영웅 김정숙 동지를 따라 배우자"는 구호를 중국쪽에서도 뚜렷하게 볼 수 있다. 북한은 '구호의 나라'라고 할 수 있을 만큼 여기저기에서 구호를 볼 수 있다.

민탄역

혜산과 만포를 연결하는 혜산만포청년선(200여㎞)이 민탄역을 통과하고 있다. 혜산만포청년선은 1988년에 준공되었는데 앞에서 몇 번 말한 것과 같이 북한은 청년절(8월 28일)을 제정한 것을 기념하여 역이나 산업시설, 그리고 철도노선에 '청년'이라는 말을 많이 넣었다. 민탄역은 김정숙군의 동북지역에 있다.

김정숙군 강하리(江下里)와 강하역

강하리의 주요 농산물로는 옥수수, 벼, 콩, 보리, 귀리, 감자 등이다. 공예작물로는 아마를 재배하고 있다. 이곳은 압록강과 장진강에서 내려오는 뗏목을 받아 자강도 지역으로 흘려 보내는 '계벌장'이 있다. 강하역 다음이 신파청년역인데, 역사 뒤로 "21세기의 태양 김정일 장군 만세"라는 구호가 보인다. 저 구호를 설치하기 위해서 나무를 많이 벤 흔적을 볼 수 있다.

우리의 기도

- 교회가 많이 않았던 김정숙군 안에 많은 교회들이 세워지게 하여 주옵소서.

- 김정숙군 안에는 '혁명사적지'들이 잘 보존되어 있는데, 지금 남아 있는 북의 교회 유적들도 사라지지 않고 보존되게 하옵소서.

- 함중노회는 특별사역자회를 조직하여 내륙산간지역에 전도를 했는데, 북한에 복음을 전하려는 특별사역자들을 많이 세워 주옵소서.

03 삼수군(三水郡)

우리나라에서 가장 험한 산골로 알려진, 대표적인 귀양지였던 곳

삼수갑산(三水甲山) 내 왜 왔노 삼수갑산이 어디뇨
오고나니 기험(奇險)타 아하 물도 많고 산첩첩(山疊疊)이라 아하하

내 고향을 도로 가자 내 고향을 내 못 가네
삼수갑산 멀드라 아하 촉도지난(蜀道之難)이 예로구나 아하하

삼수갑산이 어디뇨 내가 오고 내 못 가네
불귀(不歸)로다 내 고향 아하 새가 되면
떠가리라 아하하

님 계신 곳 내 고향을 내 못 가네 내 못 가네
오다 가다 야속타 아하 삼수갑산이 날 가두었네 아하하

내 고향을 가고지고 오호 삼수갑산 날 가두었네
불귀로다 내 몸이야 아하 삼수갑산 못 벗어난다 아하하

   김소월의 시 '삼수갑산' (三水甲山) 전문이다. 삼수갑산은 이 시를 통해서 우리에게 낯익은 이름이 되어 있다.

압록강 변의 북한군 병영
(김정숙군 풍양리)
압록강과 두만강의 가운데를 경계로
한국과 중국의 국경이 형성되어 있는
데 남한의 주도하에 통일이 되면 남
한과 중국 사이에 긴장이 높아지게
되고 자칫 잘못하면 압록강과 두만강
근처는 위험이 도사린 곳이 될지도
모른다. 통일한국은 중국과 긴장 관계
가 아닌 협력과 동반자 관계가 될 때
원만하게 이뤄질 수 있을 것이다.

삼수갑산은 우리나라에서 가장 험한 산골로 알려져 있으며, 조선 시대
에 귀양지의 하나였다. '삼수갑산을 가다' 라는 말은 매우 힘들고 험난한
곳으로 가거나 어려운 지경에 이르는 것을 뜻하는 말로 쓰이고 있다.

북의 「조선속담성구사전」에는 삼수갑산이라는 말이 들어 있는 속담이
둘 실려 있는데, 하나는 '삼수갑산을 가는 한이 있더라도' 로서, '나중에
는 그 어떤 화를 당하는 있더라도 우선 당장은 하고 싶은 대로 하려고 단
호하게 결심할 때 쓰이던 말' 이며, 같은 뜻을 가진 속담으로 '나중에는
삼수갑산을 갈지라도' '삼수갑산에 가서 산전을 일궈먹더라도' 가 있다
고 풀이되어 있다.

또 하나는 앞의 중강군 편에서 이미 소개된 것인데 '삼수갑산을 갈지
언정 중강진은 못 간다' 로서, '마음에 들지 않은 일은 어떤 피해가 있더
라도 절대로 할 수 없다는 것을 이르는 말' 이라고 풀이되어 있다.

삼수군에는 북수백산산맥(北水白山山脈)에 속하는 백산(白山
2,231m)·기대봉(1,928m)·두릉봉(杜陵峰 1,922m)·청산령(靑山嶺
1,797m)·십자봉(十字峰 1,593m)·일자봉(一字峰 1,517m)·백산령(白

山嶺 1,260m) · 영성령(嶺城嶺 1,106m)과 백산산맥(白山山脈)에 속하는 혜문산(1,584m) · 어은령(於隱嶺 1,570m) · 원동북산(院東北山 1,563m)이 군 안과 둘레에 있는데, 이 산의 높이들을 보면 이곳이 얼마나 험한 산지인지를 알 수 있게 된다. 삼수군의 평균 해발은 1,240m이다.

삼수군에는 삼수천과 허천강(虛川江)이 흐르고 있다. 삼수군이라는 이름은 압록강 · 장진강(長津江) · 허천강, 이 세 강물이 유입된다는 뜻이다.

현재의 량강도 삼수군은 예전 삼수군의 삼수면 · 금수면(襟水面) · 관흥면(館興面) 전부와 호인면(好仁面)의 거의 전부, 그리고 혜산군의 별동면(別東面) 일부이다. 예전 삼수군의 신파면 · 자서면 · 삼서면과 호인면 일부는 신파군이 되었는데 신파군은 앞에서 말한 것과 같이 김정숙군으로 이름을 바꾸었다.

삼수군의 주요산업은 림업이며, 삼수림산사업소(三水林山事業所)가 군

▶ 삼수군 안산역 주변
김정숙군(오른쪽)과 삼수군(왼쪽) 경계 지역. 기차정거장은 김정숙군 상대리(上臺里: 옛 인산리)에 있는 안산역. 혜산만포청년선이 통과하고 있다. 이 지역은 산림이 전체의 80%인데 원래는 소나무 · 신갈나무 · 이깔나무 · 단풍나무 · 느릅나무가 많고 나물이 흔했는데 지금은 보는 것과 같이 민둥산이 되었다.

삼수군의 한 국경마을
10여 호로 이뤄진 저 마을에 십자가
가 세워진 건물이 있다면 보는 이의
마음이 얼마나 흐뭇할까?

의 중요한 기업으로 자리매김하고 있다.

해발 1,450m의 고지에도 교회들은 있었다

현재의 량강도 삼수군에 예전에 있었던 교회들을 찾아보자.

예전의 함경남도 삼수군 삼수읍 내에는 중평교회(仲平敎會)가 있었고, 삼수면에는 석동교회(石洞敎會: 석동소재, 현 간령리)와 천평교회(川坪敎會: 천평리 소재, 현 천남리)가 있었다.

중평교회는 이봉선(李鳳善) 전도사 등 여러 교역자가 섬겼다.

예전의 삼수읍은 현재 삼수군의 동부 지역이다.

예전의 삼수군 관흥면에는 삼덕교회(三德敎會: 삼덕리 소재, 현 관흥리)와 개운성교회(開雲城敎會 1926년 설립: 개운성리 소재, 현 개운성리)가 있었다.

개운성교회는 백종규(白鍾珪) 전도사 등 여러 교역자가 섬겼다.

이곳에는 개운성성결교회가 있었는데 전기찬(全基瓚) 목사가 이 교회를 섬겼다. 함남 북청이 고향인 전기찬 목사는 혜산진 성결교회도 함께 담임하였다.(129쪽 참고)

예전 삼수군 관흥면은 현재 삼수군의 서부지역이다. 개운성교회가 있던 곳은 구름이 성 모양으로 둘러끼는 골짜기를 개척하여 생긴 마을이라 하여 개운성리라는 이름을 갖게 되었는데, 해발 1,450m로 삼수군에서 가장 높은 지대에 속해 있고 축산업이 발달한 곳이다. 개운성교회가 있던 마을 중심에는 개운성천이 흐르는데 개운성천은 석동천으로, 석동천은 장진강으로 유입된다.

현재의 삼수군에 있던 교회들은 함중노회에 속해 있었다.

우리의 기도

- 삼수군이 험한 곳, 가기 싫은 곳, 귀양지로 유명한 곳이 아니라 성령의 바람이 뜨거운 곳으로 유명해지게 하여 주옵소서.
- 삼수군의 포성로동자구(抱城勞動者區)에서 임업과 협동농장의 일에 종사하는 노동자들을 지켜 주옵소서.
- 삼수군에 이전보다 더 많은 교회들이 세워지게 하여 주옵소서.

..04 혜산시(惠山市)
'혁명전통교양'을 강조하는 곳

중국의 장백에서 가깝게 건너다 보이는 곳이 량강도의 도 인민정부 소재지인 혜산시이다.

혜산은 예전에 북방방위를 위한 진(鎭)이 있어서 혜산진이라는 이름으로 우리에게 더 잘 알려져 있는데 혜산이라는 이름은 '산의 혜택으로 살아가는 곳'이라는 뜻이다.

6·25 전쟁 당시 3사단은 혜산까지 진격하였는데 혜산까지 진격한 부대는 '혜산진부대'라는 부대이름을 사용하고 있다.

현재의 혜산시는 예전의 혜산에 비해 많이 축소되었다. 예전 혜산군의 대진면(大鎭面)과 보천면(普天面) 일부는 보천군이 되었고, 봉두면(鳳頭面)과 운흥면(雲興面) 일부는 갑산군(甲山郡)의 동인면(同仁面) 일부와 합하여 운흥군(雲興郡)이 되었고, 별동면(別東面) 일부는 삼수군에 편입되었고, 보천면 일부는 삼지연군(三池淵郡)에 편입되었다.

현재의 혜산시는 예전 혜산군의 혜산읍과 별동면·운흥면의 일부이다. 혜산은 1954년 10월에 군에서 시로 승격하였다.

혜산시는 압록강과 허천강(虛川江)이 합해지는 분지로서, 바다에서 멀고 높은 곳에 있어서 아주 심한 대륙성기후의 특징을 보이는 곳이다.

량강도의 도 인민정부소재지 혜산시 전경

산의 혜택으로 살아간다는 뜻을 가진 혜산. 북한 정권이 들어서면서 '혁명전통교양'을 강조하는 도시가 되었다.

혜산시에는 광산이 많고 제재공장·림업기계공장·림업차(林業車) 수리공장·방직공장·식료공업부문공장·기계공업부문공장 등 여러 분야의 공장들이 여럿 있으며, 도시주민들을 위한 채소를 많이 재배하고 있다.

조중변경을 탐사할 때 중국 장백조선족자치현에서 혜산시를 바라본다면 북한 주민들의 삶을 가장 가까운 곳에서 보게 된다.

혜산시에는 광산이 많고 제재공장·림업기계공장·림업차(林業車) 수
리공장·방직공장·식료공업부문공장·기계공업부문공장 등 여러 분야
의 공장들이 여럿 있으며, 도시주민들을 위한 채소를 많이 재배하고 있
다. 혜산돼지와 혜산양은 이 지역의 특색 있는 축산물인데 혜산양은 추
위에 잘 견디며 빨리 자라는 것으로 유명하다.

혜산시에 있는 위연제재공장(渭淵製材工場)은 총 부지면적이 20여만m²
에 이르는 규모가 큰 공장으로 김일성 주석과 김정일 위원장이 여러 차례
방문했을 만큼 중요한 비중을 차지하고 있다. 김일성 주석은 혜산방직공
장도 여러 번 방문하였는데 이 공장은 산하에 여러 보조직장을 거느리고
있고 노동자들이 일하면서 배울 수 있는 공장대학도 설치되어 있다.

혜산시는 찾아오는 사람들이 비교적 많아 3급호텔인 혜산호텔이 있으
며 백두산청년선과 혜산-만포청년선, 삼지연선, 세 개의 철로가 통과하
고 있다. 량강도 혜산시와 자강도 만포시 사이를 연결하는 혜산-만포청
년선은 북한의 동서 연결 철도로서 길이는 252km이며, 북한 정권수립
40년을 기념하여 1988년 8월에 완공하였는데 1993년 2월에는 전기화
되었다.

김정숙사범대학

혜산시에는 량강도 내의 중등교원을 양성하는 5년제 사범대학인 김정숙사범대학(金正淑師範大學)을 비롯하여 여러 분야의 고등교육기관들이 있다. 김형직사범대학과 더불어 북한의 중요 교원양성기관인 김정숙사범대학은 1961년에 혜산교원대학으로 출발했는데, 1981년에 현재의 이름으로 개명하였다.

혜산시에는 1968년에 탁아소와 유치원 근무자들을 위한 혜산교양원대학이 설립되었는데, 이 학교는 1972년에 3년제 사범교육기관인 혜산교원대학이 되어 량강도 내의 소학교 교사들과 유치원교양원(교사)들을 양성하고 있다. 북한의 사범교육은 '후대들을 주체형의 공산주의 혁명가로 육성할 혁명화된 교육자를 양성함으로써 온 사회의 주체사상화에 이바지하는 데' 목적을 두고 있다.

북한의 교육제도는 유치원 2년, 인민학교(소) 4년, 고등중학교(중) 6년, 대학교 4년으로 되어 있으며 유치원의 높은 반부터 고등중학교(중)까지는 무상 의무교육을 실시하고 있다.

김정숙사범대학

혜산시에는 여러 교육기관들이 밀집해 있다. 뒷쪽으로 보이는 건물이 김정숙사범대학이다. 북한의 교육은 '자주적이고 창조적인 공산주의적 혁명 인재'로 사람들을 키우는 데 목적을 두고 있다.

북한의 애국열사들을 안장한 열사릉

광장백화점과 공설운동장(오른쪽)
혜산시 중심지에 광장백화점이 자리잡고 있고, 뒷쪽으로는 재래시장이 있다. 하나님이 북에 은총을 베푸셔서 재래시장과 백화점에 물건들이 차고 넘치는 풍요로운 날이 속히 오도록 기도한다.

북한의 교육은 사람들을 '자주적이고 창조적인 공산주의적 혁명인재'로 키우는 데 목적을 두고 있다. 북의 학교들은 과외활동을 중요하게 취급하고 있는데 인민학교 3학년에서부터 고등중학교 2학년까지는 조선소년단에 가입해야 하고, 그 다음 대학생까지는 김일성사회주의청년동맹(옛 이름: 조선사회주의로동청년동맹)에 소속되어야 하며 방학기간에는 김일성·김정일의 혁명전적지 및 사적지 답사와 노동을 해야 한다. 북한의 고등중학교와 대학교에서는 군사교육을 통해서 학생들을 김일성의 혁명전사로 양성하는 데 힘쓰고 있다.

혜산시에는 량강도예술단·량강일보(兩江日報)·혜산방송 등 문화단체와 매체들이 있는데, 혜산방송은 량강도가 혁명전적지가 가장 많이 가지고 있는 곳이라는 특성을 살려, 이른바 '혁명전통교양'을 강조하는 방송에 힘쓰고 있다.

순교자 전기찬 목사(성결교)를 추모하며

현재의 혜산시에 예전에 있었던 교회들을 찾아본다.

예전의 함경남도 혜산군 혜산읍에는 혜산교회(惠山敎會 1916년 설립: 혜산역전 소재)가 있었다. 이 교회가 설립될 때는 현재 혜산시의 중북부 지역인 이 지역이 갑산군(甲山郡) 보혜면(保惠面)이었는데, 1934년에 보혜면이 보천면과 혜산읍으로 개편되었고, 1942년에 혜산읍을 비롯한 몇 지역이 갑산군에서 분리되어 혜산군이 되었다.

김택서(金宅西)의 전도로 믿게 된 이들이 이인규(李麟圭)의 집에서 예배를 드림으로 혜산교회가 설립되었다. 혜산교회는 안상필(安相弼) 목사 등 여러 교역자가 시무하였다.

혜산교회는 혜산역 앞에 있었는데, 혜산역은 지금은 혜산청년역이 되었다. 혜산청년역은 백두산청년선과 삼지연선을 연결하는 중요한 역이다.

예전의 혜산군 운흥면에는 중봉리교회(仲峯里敎會: 중봉리 소재)가 있었다. 중봉리교회가 있었던 지역은 현재 혜산시의 중동부 지역으로 운흥군과 맞닿아 있다.

1938년 장로교주소록 외의 자료에서 현재의 혜산군 안팎에 있었던 교회로 합수교회(合水敎會)·백암교회(白岩敎會)·대웅동교회(大雄洞敎會)·봉두리교회(鳳頭里敎會) 등의 이름이 나오나 그 정확한 위치 등은 파악되지 않고 있다.

혜산에는 혜산진성결교회(1931년 설립)가 있었다. 이 교회는 12월 27일, 새 성전을 지어 봉헌하였다. 전기찬(全基瓚) 목사가 혜산진성결교회를 담임했는데, 전 목사는 간도 명월구(明月溝), 혜산, 개운성(開雲城)의 성결교회를 담임하였다. 전 목사는 해방 후, 일제 강점기 말에 폐쇄된 혜산진성결교회를 재건하여 목회하던 중에 1948년 12월 공산당에게 몸이 찢겨 순교 당했다.

혜산시를 바라보면서 꼭 기억하고 싶은 인물이 있다. 2009년 5월에 세상을 떠난 역사풍속화가 혜촌 김학수(惠村 金學洙) 장로이다.

혜산진성결교회
1931년 설립된 혜산진성결교회는 1936년 12월 27일 새 성전을 지어 봉헌했다. 교역자로는 6·25때 순교한 전기찬 목사가 시무하였다. 혜산진성결교회의 특기사항 중 하나는 부흥회 도중 소경 안복금이 눈을 뜨는 기적이 일어났다.
사랑의 주님! 혜산에서 영적 눈을 뜨는 기적을 베푸소서.

1919년 평양에서 태어난 김학수 화백은 이당 김은호(以堂 金殷鎬) 선생에게 사사하였으며 '한강전도'를 비롯하여 수많은 대작을 남겼다. 해방 후 평양의 감리교 지도자들은 38선 때문에 남한의 교역자들이 북으로 올 수 없게 되자 현재의 김일성 광장 뒤 인민대학습당 자리에 성화신학교를 세워 교역자를 양성하였는데 김 화백은 이 학교에서 한문과 도덕을 강의하였다.

6·25 전쟁 때 국군이 평양에서 후퇴할 때 김 화백은 부인과 네 자녀에게 "얼마 뒤에 돌아오리라."는 말을 남기고 홀로 피난길에 올랐다. 남한에 온 김 화백은 가족을 그리워하며 재혼을 하지 않고 독신으로 살면서 성화신학교 출신들이 중심이 되어 세운 시온감리교회 장로로 교회를 충성스럽게 섬기며 수많은

김학수 장로

천진난만한 혜산시의 어린이들과 지도 선생님(위)
강성대국의 건설을 위해 2009년 4월 20일부터 시작된 150일전투를 독려하는 '모두 다 150일 전투에로!' 라는 구호가 적힌 버스가 어디론가 달려가고 있다.(아래)

성화를 그렸다.

북에 남은 부인과 2남 2녀의 자녀들은 월남한 반동분자의 가족으로 분류되어 바로 이곳 혜산의 운총리(雲寵里)라는 궁벽한 농촌 마을로 이주당해 외부와 차단 당한 상태에서 곤궁하게 살고 있었다. 김 화백의 성화신학교 제자인 이승만(李昇萬) 목사가 미국 장로교에서 여러 중직을 맡아 활동하면서 북을 자주 방문했는데, 북의 당국자들에게 부탁해서 김 화백 가족들의 소재를 알아냈고 혜산까지 달려가서 은사의 가족들을 대할 수 있었다. 김 화백의 장남인 인선도 화가였는데 이승만 목사가 가지고 온 김 화백의 사진을 보고 아버지와 어머니가 나란히 어깨를 맞대고 있는 연필 그림을 그려 이승만 목사 편에 보냈다. 이 그림은 국내의 한 일간지에 소개되어 사람들의 심금을 울렸는데 김 화백은 그가 만년을 보낸 경기도 분당 아파트의 거실에 이 그림을 붙여 놓고 가족들을 그리워하며 지냈다. 김인선의 아들, 즉 김 화백의 손자도 그림 솜씨가 뛰어나다고 한다. 혜산 운총리의 김 화백 부인은 2007년에 세상을 떠났고, 김 화백은 2009년에 역시 세상을 떠났다.

두 분은 하늘나라에서 해후하여 못다한 이야기를 나누고 있을 것이다. 혜산 운총리의 가족들에게는 뒷이야기가 있으나 안전을 위하여 더 이상 밝히는 것을 삼가려고 한다.

혜산을 바라보며 우리는 수많은 이산가족들의 고통을 다시 한 번 마음에 새겨야 할 것이다.

우리의 기도

- 혜산시는 '산의 은혜로 살아간다'는 뜻을 가진 곳인데 혜산시의 주민들이 '우리는 주님의 은혜로 살고 있음'을 알게 하여 주옵소서.

- 혜산시의 김정숙사범대학과 혜산교원대학에서 배출되는 교원들이 학생들을 정성껏 잘 가르치게 하여 주옵소서.

- 이산가족들의 슬픔을 위로해 주시고, 그들이 만나 함께 살 수 있는 날을 속히 허락하여 주옵소서.

보천군(普天郡) 05

김일성 주석의 대표적인 항일무장투쟁인 보천보 전투의 현장

북은 1952년 군면리 대폐합 때 혜산군의 보천면 일부와 대진면(大鎭面)을 보천군으로 분립하였다.

북이 아주 중요하게 여기고 있는 것 가운데 보천보전투(普天堡戰鬪)가 있다. 1937년 6월 4일, 김일성 주석이 조선인민혁명군주력부대를 이끌고 보천읍을 습격하여 벌인 싸움을 말하는데, 김일성은 주민들에게 "조국의 광복을 위하여 억세게 싸워나가자"는 연설을 한 것으로 전해진다. 북에서는 이 보천보전투를 두고 "조선 사람은 죽지 않고 살아 있으며 일본제국주의와 싸우면 승리할 수 있다는 신념을 북돋아 주는 혁명의 서광을 비추었다."(『조선대백과사전』)라고 말하고 있다.

북에는 이 보천보전투를 기념하는 작품들이 많이 있다. 미술작품으로 '보천보전투' '보천보의 홰불'이 있으며 1962년에는 1,400명이 출연하는 스키집단체조 '보천보의 홰불'이 진행되었다. 매년 6월~7월에는 보천보홰불상 체육경기대회가 열리고 있다.

보천군은 이 보천보전투의 현장이다. 따라서 보천군 안에는 보천보전투를 기념하는 보천보혁명박물관, 보천보전투승리기념탑, 보천보혁명전적지, 보천보혁명박물관 등이 있고 보천보전투전적지들이 잘 보존되어 있다.

당시 동아일보와 조선일보는 호외를 발행해서 이 사

**혜산시에 건립된
보천보전투승리기념탑**
보천보 전투의 의미는 우리나라가 일
본의 식민지 지배에 순응해가며, 독립
운동가들의 활동이 잠잠해질 때 들고
일어난 데 있으며, 꺼져 가는 항일운
동을 재점화한 의미도 있다고 할 수
있다.

실을 알렸다. 동아일보의 호외는 '咸南 普天堡를 襲擊 郵
便所, 面所에 衝火' 라는 제목으로 이 일을 보도했다. 보천
보 습격은 중국의 여러 신문과 소련, 일본의 신문에도 보도
되었다. 보천보를 습격한 부대나 지휘관, 그리고 전과에
대해서는 여러 가지 다른 의견들이 많다. 당시 보천보의 인
구는 1,323명이었는데 이 가운데 일본인은 50명이었고,
무장병력은 주재소 순사 5명(그 가운데 2명은 조선인)으로
알려져 있는데, 그런 보천보를 잠시 점령한 것을 크게 내세
우는 것은 어울리지 않는 일이라고 말하는 분도 있다.

북한에서는 김일성 주석을 항일무장투쟁의 영웅으로 내세우고 있다.
김일성 일가는 "대대로 조국의 독립과 인민의 자유와 해방을 위하여 외
래 침략자들과 싸워온 애국적이며 혁명적인 가정"으로서, 조부 김응우는
1866년 대동강으로 들어온 미국의 샤만호를 격침시키는 데 앞장섰던 열
렬한 애국자였으며 조부 김보현, 조모 이보익, 아버지 김형직, 어머니 강
반석, 삼촌들과 형제들이 모두 독립투사였다고 내세우고 있다.

북에서는 김일성 주석이 열네 살 나던 해부터 일제와 싸워 나라를 독립
시키고 말겠다는 불타는 염원과 굳은 결심으로 중국 동북지방으로 가서
아버지를 도와 비밀통신연락 업무를 수행하여 대중 속에 알려졌고, 1926
년 10월 17일에는 '타도제국주의동맹'(약칭 'ㅌ·ㄷ')를 조직했고, 그 이
후 일관되게 항일투쟁을 전개했다고 말하고 있다.

김일성 주석은 1932년 4월 25일, 안도에서 조선인민혁명군을 조직했
는데 이 조선인민혁명군을 이끌고 줄기차게 항일무장투쟁을 전개했으
며, 1936년에는 조국광복회를 창건하고 그 회장이 되었고, 백두산에 근
거지를 마련했다. 보천보전투는 이 시기에 있었다.

북에서는 김일성의 항일무장투쟁에 대해서 "김성주의 령도 밑에서 조직
전개된 영광스런 항일 혁명투쟁은 력사적인 승리를 거두었으며 우리 조국은
일제의 식민지 통치 기반에서 해방되었다."고 적고 있다.

보천군은 예전에는 화전농업지역이었는데, 지금은 림업이 군 경제의
근간을 이루고 있다. 농경지 면적이 10.7%로서 량강도 평균 5%의 배를

넘고 있는데 밀과 보리를 많이 재배하고 있다. 삼지연선과 보천선이 통과하고 있으며 임산철도들이 부설되어 있다.

보천군은 백두고원에 자리잡고 있어서 지형이 평탄한 편이다. 가림천(佳林川) · 신흥천(新興川) · 대진천(大鎭川) 등이 보천군을 지나 압록강으로 유입된다.

보천군에는 세계적으로 으뜸가는 고급 털가죽 짐승이며 희귀종인 보천검은돈이 서식하고 있는데, 보천검은돈은 천연기념물 343으로 지정되어 보호받고 있다.

보천군에 있었던 유일한 교회: 보전교회

예전 행정구역으로 함경남도 갑산군 보천면에는 보전교회(保田敎會: 보전리 소재, 현 보천읍)가 있었다. 이것이 현재의 보천군에 있었던 유일한 교회였었다. 이 교회는 함중노회의 관할하에 있었다.

보전교회가 있었던 보전리는 1952년에 보천읍이 되었다. 보천군의 중북부 지역인 이곳은 삼지연선 철로와 혜산시에서 삼지연군으로 가는 도로가 함께 통과하고 있다.

보천군은 외견상으로는 깔끔하고 잘 단장된 느낌을 주는 곳이다. 보천군에는 보천보전투전적지인 주재소 · 농사시험장 · 소방회관 · 면사무소 등이 옛 모습대로 복원되어 잘 관리되고 있고, 보천보혁명박물관 등을 비롯하여 여러 기관들이 있다.

우리의 기도

- 항일 독립투쟁의 역사가 정확하게 파악되고 평가받게 하여 주옵소서.
- 보천군에 있었던 유일한 교회인 보전교회의 이름은 '기름진 밭'이라는 뜻인데 이곳에 복음의 씨를 뿌리고, 그 복음이 옥토에 떨어진 씨처럼 많은 열매를 맺게하여 주옵소서.
- 보천군에서 개발하여 량강도와 함경남도 지방에서 재배하는 낮은 온도에서 잘 견디는 '보천 91호' 옥수수가 북한의 식량난 해결에 큰 도움이 되게 하여 주옵소서.

..06 | 삼지연군(三池淵郡)
백두산, 그리고 압록강과 두만강의 발원지가 있는 곳

● 왼쪽부터
천지 · 소천지 · 압록강 대협곡
중국의 장백에서 올라(남파) 대한 백
두산 천지와(왼쪽) 북한에서 조금 내
려와서 만난 소천지(가운데), 그리고
장백에서 올라가며 대하는 압록강 대
협곡이 장관이다. 같이 올라가던 일행
중의 한 명이 협곡을 보고 "야, 그랜
드 캐년보다 낫다!" 탄성을 지르자,
모두 "그래요!" 화답했다.

삼지연군은 어떤 의미에서 남한 사람들의 눈길이 가장 많이 머물러 있는 곳이라고 할 수 있다. 수많은 남한 사람들이 백두산 천지에 오르는데, 천지 건너편이 북한의 삼지연군이기 때문이다.

삼지연군은 또 남한 사람들의 발길이 많이 거쳐 간 곳이다. 이곳에는 해발 1,400m에 자리 잡고 있는 삼지연공항이 있는데 삼지연공항을 통해 백두산을 오른 사람들도 있고, 삼지연군 옆의 대홍단군(大紅湍郡)에서는 남한 대북협력NGO들의 사업장이 여럿 있는데 그곳을 방문할 때도 삼지연군을 거쳐 가기 때문이다.

현재의 량강도 삼지연군은 예전의 함경남도 혜산군의 보천면 일부와 무산군(茂山郡)의 삼장면(三長面) 일부가 합해 1961년에 신설된 군이다. 지금 '혜산군 보천면 일부 · 무산군 삼장면 일부' 라고 한 것은 1952년 군 면리 대폐합 이전의 행정구역인데, 삼지연군이 탄생한 1961년에는 이 지역이 량강도 보천군의 리명수로동자구(鯉明水勞動者區) · 포태리(胞胎里), 함경북도 연사군(延社郡)의 신덕로동자구(新德勞動者區) · 가동로동자구 · 신흥로동자구 · 삼상로동자구(三上勞動者區) · 로은산로동자구로 변해 있었다.

삼지연이라는 이름은 이 지역에 있는 삼지연 호수에서 따왔는데, 삼지연은 세 개의 못이 가지런히 놓여 있다하여 붙여진 이름이다. 삼지연은 눈과 빗물, 샘물에 의해 채워지고 있어서 맑고 깨끗하고 물맛도 좋다.

삼지연군에는 다른 군들과 달리 리(里)가 없고 삼지연읍과 열 개의 로동자구로 되어 있다.

삼지연군에는 백두산이 자리잡고 있고, 압록강과 두만강의 발원지가 있다.

서부 지역에서는 소백수(小白水)·리명수(鯉明水)·포태천(胞胎川)·보서천(寶西川)이 압록강으로 흘러들며, 동부에서는 석을천(石乙川)과 소홍단수(小紅湍水) 등이 두만강으로 흘러들고 있다.

우리는 지금까지 압록강을 거슬러 2,000리(803.4km)를 왔는데 삼지연군에서부터 두만강을 따라 가게 된다. 압록강과 두만강에는 모두 451개의 섬이 있는데 그 가운데 85.5%는 북한에 귀속되어 있다는 사실이 몇 해 전에 서길수 교수(서경대)의 연구로 밝혀졌다.

삼지연군에는 백두산을 비롯하여 높은 산들이 많고, 산림이 군 전체의 95%를 차지하고 있으며, 기온이 낮은 지역 가운데 하나로서, 나무들 가운데는 이깔나무가 전체의 60%를 차지하는데, 림업이 군의 경제에서 주도적인 역할을 하고 있다.

삼지연군에는 천지와 삼지연을 비롯하여 크고 작은 호수들이 30여 개 있는데 그 가운데 리명수는 행정구역 이름(리명수로동자구)과 학교와 병원·협동농장·기업들의 이름으로 쓰이고 있다. 리명수는 압록강의 제1지류로서 리명수라는 물고기가 많이 살기 때문에 이런 이름을 갖게 되었다. 리명수 하천 기슭을 따라 삼지연철도가 부설되어 있고 기슭에 리명수폭포가 있다.

삼지연선은 혜산청년역과 삼지연군의 못가역을 연결하는 협궤철도인데, 삼지연군과 보천군에서 생산되는 통나무와 그 가공제품들 운송과 삼지연 일대의 혁명사적지들을 찾는 탐사단들이 많이 이용하고 있다.

혁명전적지와 백두산 답사자들을 위해서는 북에서 제일 규모가 큰 숙영소인 삼지연혁명전적지답사숙영소가 있는데, 매년 15만 명 내지 20만

삼지연이라는 이름은 이 지역에 있는 삼지연 호수에서 따왔는데 삼지연은 세 개의 못이 가지런히 놓여 있다하여 붙여진 이름이다. 삼지연은 눈과 빗물, 샘물에 의해 채워지고 있어서 맑고 깨끗하고 물맛도 좋다.
삼지연군에는 다른 군들과 달리 리(里)가 없고 삼지연읍과 열 개의 로동자구로 되어 있다.
삼지연군에는 백두산이 자리잡고 있고, 압록강과 두만강의 발원지가 있다.
림업이 군의 경제에서 주도적인 역할을 하고 있다.
리명수는 행정구역 이름(리명수로동자구)과 학교와 병원·협동농장·기업들의 이름으로 쓰이고 있다. 리명수는 압록강의 제1 지류로서 리명수라는 물고기가 많이 살기 때문에 이런 이름을 갖게 되었다. 리명수 하천 기슭을 따라 삼지연철도가 부설되어 있고 기슭에 리명수폭포가 있다.

기도가 흐르는 강물 3천3백80리

명이 이 숙영소를 이용하고 있다.

삼지연군에는 백두산을 찾아오는 외국인들을 위한 베개봉려관과 국내 손님들을 위한 삼지연려관이 있으며, 삼지연빙상경기장·삼지연스키장 등 체육시설이 있는데 여기에서는 국내경기와 함께 국제경기도 종종 열리고 있다.

삼지연군에는 김일성 주석이 항일무장투쟁을 할 때 근거지로 삼은 밀영(密營)들과 숙영지들이 여럿 있는데 베개봉숙영지·사자봉밀영(獅子峰密營)·소백산숙영지(小白山宿營地)·청봉숙영지(靑峰宿營地)와 그들이 군사정치활동을 벌인 중토장(中土場) 등의 사적지가 있다.

조·중 국경의 철책선
조선(북한)과 중국의 국경을 표시하는 철책선. 몇 년 전까지만 해도 철책선이 없었는데 탈북자들이 많아지자 이 철책선을 설치하였다.

삼지연군의 서부지역, 정일봉 부근에 있는 백두산밀영로동자구에는 이와 같은 밀영들이 특히 여럿 있다.

정일봉은 백두산 남동쪽 소백수 기슭에 있는 1,798m의 봉우리인데, 이곳에는 김정일 위원장이 태어났다고 하는 생가가 있다. 북한은 2009년 11월 30일에 실시한 화폐개혁 때 새로 발행한 200원 권 지폐에 정일봉과 김정일 위원장의 생가를 넣었다. 이곳에는 김일성 주석이 김정일 위원장 탄생 50돌 때 지은 '광명성 찬가' 송시비가 있다

현재의 삼지연군에는 예전에 교회가 하나도 없었다.

우리의 기도

- 백두산 소나무 찍어 교회 짓는 날이 속히 오게 하여 주옵소서.
- 현재의 삼지연군에는 교회가 하나도 없었는데 많은 교회들이 세워지게 하여 주옵소서.
- 삼지연군은 수양관들을 세우기에 참 좋은 곳인데 이곳에 많은 수양관들이 세워져서 잘 활용되게 하여 주옵소서.

백두산

삼지연군에 있는 높이 2,750m의 백두산은 잘 알려진 것과 같이 우리나라에서 제일 높은 산으로서 여러 차례의 화산 분출과 그 진화 발전과정에서 이루어졌는데, 해발 2,500m가 넘는 봉우리가 20여 개에 이른다. 북에서는 백두산을 "우리 민족의 넋이 깃들어 있고 우리 혁명의 뿌리가 내린 조종(祖宗)의 산, 혁명의 성산"이라고 부르고 있다.

백두산에는 천지산천어·삼지연붕어·세가락딱따구리·메닭·긴꼬리 올빼미 등 희귀동물들과 2,700여 종의 식물들이 분포되어 있다.

백두산에서 우리의 관심을 끄는 것은 북한과 중국의 경계문제이다. 두 나라 사이의 국경은 1909년에 체결된 간도협약에 의해 결정되었는데, 북한과 중국은 1962년에 조중국경조약을 체결하고 이를 바탕으로 1964년

북파(北坡: '坡'는 '언덕'이란 뜻임) 입구

남파 입구

백두산 밀림

온천물에 계란을 삶아 팔고 있다.

에 국경을 확정했다. 남한에서는 '6 · 25참전 대가로 북한이 백두산을 중국에 넘겨주었다.'는 주장이 우세했으나 1964년에 확정된 국경이, 간도협약에 비해 많이 줄어들지 않아, 이 주장은 사실이 아니라는 것이 「백두산 국경연구」(여유당) 저자인 서길수 교수의 주장이다.

현재 천지 중간이 한중경계선으로 되어 있는데, 서쪽의 서파(西坡)에는 5호 경계비가, 동쪽에는 6호 경계비가, 남파(南坡)에는 4호 경계비가 서 있다. 북한쪽으로는 백두산에서 가장 높은 장군봉을 비롯하여 쌍무지개봉 · 비류봉 · 해발봉 · 관면봉 등이 있고 중국쪽에는 북파(北坡)의 천문봉을 비롯하여 자하봉 · 녹명봉 · 백운봉 · 청석봉 등이 자리 잡고 있다.

백두산은 삼지연군을 중심으로 대홍단군 · 보천군 · 운흥군 · 백암군에 걸쳐 있는 거산(巨山)이다.

최근에, 백두산이 앞으로 4~5년 뒤 대규모 폭발을 일으킬 가능성이 있다는 주장이 제기되어 관심을 끌고 있다. 천지에서 화산가스로 인한 기포가 발견되고 천지의 지형이 조금씩 솟아오르는 등 여러 징후가 보이고 있다는 것인데 중국 연구진은 그 시기를 2014~2015년으로 보고 있다는 보도도 있다. 이에 대비하기 위해 남북공동연구단을 구성하자는 주장도 나오고 있다.

박달나무
박달나무는 단군의 이야기에 나오는 나무로 이 나무는 높이 30m, 지름 1m에 달하는 큰 나무이다.

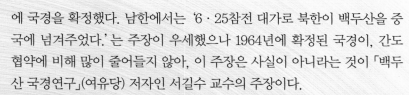

백두산을 오르는 길은 네 곳이 있다. 우리나라 관광객들이 주로 이용하는 북파(장백폭포가 있는 곳), 송강하를 통해 올라가는 서파와 장백을 통해 오르는 남파, 북한 삼지연을 통해 오르는 동파가 있다.

두만강

앞에서 말한 것과 같이 조중변경탐사여행은 삼지연군까지는 압록강을 거슬러 올라오고, 삼지연군에서부터는 두만강을 따라 내려가게 된다.

삼지연군에서 시작되는 두만강은 압록강 다음으로 긴 강이다. 여러 갈래의 물이 합류하는 강이라는 뜻으로 두만강이라는 이름을 갖게 되었는데, 원래는 토문강을 비롯하여 십여 가지 이름을 가지고 있었다. 북한지역에서 두만강으로 유입되는 길이 5㎞ 이상의 하천이 288개에 이른다.

두만강의 발원지는 백두산 동쪽 60리 되는 곳에 있는 적봉산 서북쪽의 원지(圓池)늪인데 중국의 동포들은 원지를 '옥녀늪'이라고 부르면서, 천

두만강 발원지(원지)
백두산 중턱에 있는 조그마한 샘물에서 시작된 두만강이 노젖는 뱃사공이 고기를 잡는 큰 강이 되는 것처럼 통일선교운동도 날로 창대해지기를 간구하게 된다. 성전 문지방 밑에서 흘러나온 물이 처음에는 발목까지 오를 정도였으나 나중에는 사람이 능히 건너지 못할 강이 되어 모든 것을 삼킨 것처럼…(겔 47:1~12)

지(天池)의 자매호(姉妹湖)라고 말하고 있다.

두만강의 길이를 북측자료는 1,369.5리(547.8km: 「조선대백과사전」)로 말하고 있고 중국의 한 자료는 1,263.3리(505.4km: 백민성 엮음. 「유서 깊은 두만강반」. 연길: 연변인민출판사, 2001)로 말하고 있는데 두만강을 따라 북한쪽의 무산·유선·회령·종성·온성·경원·경흥·부녕 등의 군·시와 중국에는 남평·숭선·삼합·개산·도문·훈춘 등의 향(鄕)과 진(鎭)이 마주 보고 있으며 여러 곳에 세관(해관)이 설치되어 있다.

중국쪽 두만강반(頭滿江畔)은 예전에 우리 조상들의 땀과 눈물, 그리고 애환이 어려 있는 북간도(北間島)로서, 재중동포들은 두만강을 '조선족의 과거와 오늘의 가장 충실한 견증자(見證者)·눈물의 강·역사의 강·승리의 강·행복의 강·친선의 강'이라고 부르고 있다.

두만강은 지류의 상류에 댐이 여럿 건설되어 있는 등 여러 이유로 수량이 많은 편이 아니고 일년 중 130일 정도가 얼어붙어 있으며, 중류부터는 주변의 광산과 공장들의 폐수로 인해 심하게 오염되어 있다.

두만강은 중국과의 국경문제로 쟁점이 되기도 했었다. 1712년(숙종 38

두만강의 발원지는 백두산 동쪽 60리 되는 곳에 있는 적봉산 서북쪽의 원지(圓池) 늪인데 중국의 동포들은 원지를 '옥녀늪'이라고 부르면서, 천지(天池)의 자매호(姉妹湖)라고 말하고 있다.

함경북도 회령시를 끼고 흐르는 두만강
두만강 연안은 항일 독립운동이 치열하게 벌어진 곳이며, 선구자들의 숨결이 살아 숨쉬는 곳인데 지금은 탈북행렬이 끊이지 않는 곳이 되었다.

**북한의 함경북도 온성군
남양로동자구를 끼고
흐르는 두만강**
대중가요 '눈물젖은 두만강'이 탄생
한 곳이기도 하다.

년), 조선과 청은 백두산에 경계비를 세웠는데. '서쪽은 압록강을, 동쪽은 토문강을 경계로 삼는다'(西爲鴨綠, 東爲土門)고 하였다. 토문강은 송화강의 지류로서 이 비문대로 하면 간도는 조선 땅이 되는 것이나, 청은 토문강이 두만강이라고 주장하였다.

1885년에도 조선과 청국 간에도 국경회담이 열려 토문강이 송화강의 지류임을 확인하고, 조선 대표는 정계비의 문구대로 국경을 정하자고 했으나, 청국대표는 두만강이 경계라는 주장을 굽히지 않아 회담이 결렬되었다. 1887년에 다시 국경회담이 열렸을 때, 조선대표는 두만강이 최북단지류인 홍토수를 국경선으로 삼자는 안을 제시했고, 청측은 최남단 지류인 석을수 안을 주장하여 합의를 보지 못한 상태에서, 한국의 외교권을 박탈한 일본이 1909년에, 1887년 청국이 주장한 내용을 수용해 간도협약을 맺음으로 국경문제는 한국에게 불리한 내용으로 매듭지어졌다. 백두산 정계비는 만주사변(滿洲事變) 때 일제가 철거하였다.

오염될 대로 오염된 두만강

조중변경을 탐사하면서 두만강을 바라보는 이들이 한결같이 "아니, 이 좁고 악취나는 강을 두고 어떻게 '두만강 푸른물에 노젖는 뱃사공아···' 했단 말인가?" 한 마디씩 한다. 두만강이 오염된 원인은 앞에서 말한 것과 같이 중국과 북한의 폐수 무단방류 때문이다. 통일이 되면 오염된 두만강을 원상복귀해야 하는 과제가 우리에게 있다. 앞면의 사진(회령시를 끼고 흐르는 두만강)도 두만강의 오염된 모습을 잘 보여주고 있다.

대홍단군 (大紅湍郡)

07

군 자체가 하나의 국영종합농장인 곳

연변을 방문한 사람들 가운데 북한땅을 가까이에서 바라보기 원하는 분들이 제일 많이 찾는 곳은 도문시(圖們市)이고, 조금 더 가서 훈춘시(琿春市)까지 찾는 분들도 있다. 조용한 가운데에서 북을 바라보고 싶은 분들은 화룡시(和龍市)의 숭선(崇善)이나 삼합(三合), 남평(南平) 같은 곳을 찾는다. 아예 숭선에서 두만강을 따라 동으로 계속 가면서 두만강 건너편의 다락밭들이나 초소들을 바라보며 기도하기도 한다.

대홍단군은 중국의 숭선에서, 강이라기보다 개울 같은 느낌을 주는 두만강 건너에 있는 곳이다. 대홍단이라는 지명은 해마다 봄이 되면 진달래와 철쭉꽃이 피어 붉게 물든 벌판이 여울목[湍]에서 갑자기 끊긴 고장이라는 뜻이다.

량강도 대홍단군은 1952년 이전 함경북도 무산군(茂山郡) 삼장면(三長面) 일부와 삼사면(三社面) 일부 지역에 1978년에 새로 만들어진 군이다. 량강도의 대부분 지역은 예전의 함경남도에 속해 있었는데, 대홍단군은 함경북도에 속해 있던 지역이다.

대홍단군이 만들어질 때 이 지역은 량강도 삼지연군 국영5호종합농장(國營五號綜合農場)과 삼지연군 대홍단로동자구 · 함경북도 연사군 삼장리와 삼하리, 원봉로동자

백두산에 있는 북한군 막사

구로 개편되어 있었다. 이 지역이 대홍단군이 됨에 따라 국영5호종합농장은 대홍단군종합농장이 되었다.

대홍단군은 삼지연군과 같이 '리'가 없고 대홍단읍과 로동자구들로만 이루어져 있는데, 대홍단군의 아홉 개 로동자구 가운데는 농사로동자구(農事勞動者區)가 있다. 농사로동자구의 원래 이름은 농사동(農事洞)이었다.

량강도의 제일 동쪽, 백두고원(白頭高原) 제일 낮은 곳에 있는 대홍단군은 산림면적이 80%로, 량강도 안에서 산림의 비율이 가장 낮은 곳이며, 북동부에는 백두삼천리벌, 서부에는 대홍단벌이 전개되어 있다. 대홍단군은 북한에서 연평균 일조량이 가장 높은 군이며, 량강도 내의 다른 군에 비해서 기온이 높고 강수량이 적은 편이다. 대홍단군에서 소홍단수(小紅湍水)·서두수(西頭水) 등이 두만강으로 유입되고 있다.

대홍단군의 남포태산(南胞胎山 2,433m)·북포태산(北胞胎山 2,288m)·관모산(冠帽山 1,386m)에는 천연기념물 제357호로 지정된 국제보호대상동물인 백두산조선범이 살고 있다. 대홍단군은 약초와 산나물이 풍부한 곳이며 노루와 멧돼지가 많이 서식하고 있다.

대홍단군은 군 자체가 하나의 국영종합농장으로서 농업이 발전한 곳이다. 국영 농업기업소인 대홍단군종합농장(大紅湍郡綜合農場)이 주축이 되고 있으며 감자연구소는 북부고원지대에서 재배하는 감자품종을 개발

대흥단군 농사로동자구
백두산에서 숭선쪽으로 내려오면 처음 보게 되는 마을로, 주변에서 농사를 가장 먼저 짓던 마을이라 하여 농사동이라 하였다. 주요 농산물로는 밀, 보리, 감자 등이 재배된다. 백두삼천리벌에 속해 있다.

하고 성장과 생육과정 전반에 대한 연구를 진행하고 있는데 대흥단1호를 비롯하여 많은 품종을 개발했으며 감자를 원료로 한 식료가공품에 대한 연구도 진행하고 있다. 2009년 4월에 발간된 북한의 조선지도에는 '선군(先軍)9경'의 하나로 대흥단의 감자꽃바다를 꼽고 있다. 이곳은 월드비전을 비롯한 남측 대북협력NGO들의 농업협력활동이 활발한 곳이기도 하다.

예전에 이 지역에는 삼장교회(三長敎會: 함북 무산군 삼장면 삼장동 소재, 현 삼장로동자구)와 유평동교회(俞平洞敎會: 함북 무산군 삼사면 소재)가 있었다. 이 교회들은 함북노회에 속해 있었다.

우리의 기도

- 많은 사람들이 중국의 숭선에서 북의 대흥단군을 바라보며 북의 개방과 복음화를 위해 기도하는데 그 기도에 응답하여 주옵소서.
- 대흥단군에서 실시되고 있는 남측 대북협력 NGO들의 농업 협력활동이 북에 큰 도움이 되게 하여 주옵소서.
- 대흥산군에서 농업에 종사하는 동포들이 햇볕과 비를 주시는 분은 하나님인 것을 깨닫고 감사한 마음을 갖게 하여 주옵소서.

[함경북도]

함경북도의 장로교회들을 관할하던 함북노회에는 북간도 지역의 교회들도 속해 있었는데 동만노회가 조직되어 북간도의 교회들이 이 노회에 속하게 되자 함북노회는 시베리아에 있던 교회들을 관할하게 되었다. 함경북도는 이와 같이 중국 동북지역과 시베리아 선교의 전진기지였다.

함경북도를 고려 때에는 동북계(東北界)·동북로(東北路)·동북면(東北面)·삭방도(朔方道) 여러 이름으로 불렸는데 모두 동북쪽 끝에 있는 도라는 뜻이다.

함경북도는 무산군 일부가 량강도에 편입된 것을 제외하고는, 옛 지역에 큰 변화가 없다. 현재 함경북도는 라선특급시(羅先特級市)·청진(淸津)·김책(金策: 예전 성진시와 학성군)·회령(會寧) 네 개의 시와 경성(鏡城)·경원(慶源: 2004년까지는 새별군이라고 불렀음)·경흥(慶興: 2004년까지 은덕군이라고 불렀음)·길주(吉州)·명간(明澗: 2004년까지 화성군이라고 불렀음)·명천(明川)·무산(茂山)·부령(富寧)·어랑(漁郞)·연사(延社)·온성(穩城)·화대(花臺), 12개의 군으로 되어 있으며, 도 인민정부소재지는 청진이다.

조중변경 지역인 두만강 연안에는 무산·회령·온성·경원·경흥·라선이 우리의 시선과 기도를 기다리고 있다.

함경북도는 전체 면적의 90% 이상이 산지로서 전반적으로 지대가 높고 평야가 적다. 함경북도의 한가운데로 함경산맥(咸鏡山脈)이 북동-남서 방향으로 뻗어 있고 그 지맥(支脈)들이 함경산맥과 거의 직각을 이루고 갈라져 나가고 있는데 해발 2,000m가 넘는 험준한 산들이 도 내에 10여 개나 있다.

함경북도는 지질구성이 다양하기 때문에 여러 종류의 지하자원이 풍부한데 특히 무산철광을 비롯해서 온성·회령 일대의 석탄, 청진의 석회석·김책시의 대리석·경성군과 온성군의 고령토 등이 널리 알려져 있다. 공업도 발달하여, 김일성 주석은 함경북도에 대해 "함북도는 우리나라에서 가장 중요한 기간공업들이 집중되어 있는 지대입니다."라고 말한 일이 있다.

연면수(延面水)·성천수(城川水)·룡천천(龍川川)·보을천(甫乙川)·회령천(會寧川)·팔을천(八乙川)·오룡천(五龍川)·회암천(灰岩川) 등이 두만강으로 흘러들고 있으며 수성천(樹城川)을 비롯하여 십여 개의 하천이 동해로 유입되고 있다. 량강도 만큼 많은 것은 아니지만 함경북도에도 북에서 이른바 '혁명사적지'라고 부르는 곳들이 많이 있는데, 특히 김일성 주석의 첫 번째 부인이며, 김정일 위원장의 생모인 김정숙의 출생지가 회령이기 때문에 김정숙과 관계된 '혁명사적'이 많고, 김일성 주석이 항일무장투쟁을 국내로 확대발전하기 위한 회의를 열었다는 왕재산이 온성군에 있어서 그와 관련된 사적들도 많다.

함경도 선교는 캐나다장로교가 담당했다. 함경도의 장로교회들은 처음에는 독로회의 함경대리회(咸境代理會)의 관할 아래에 있었는데 1912년에 총회가 조직되면서 함경대리회는 함경노회가 되었다.

1917년 제8회 노회에서 함경노회는 함북노회와 함남노회로 분립되었는데, 함경북도의 교회들 가운데 성진·길주·명천 세 곳에 있는 교회들은 함남노회에 속하고, 나머지는 함북노회의 관할하에 들어갔다. 앞의 세 곳은 중간에 함북노회 소속으로 돌아왔다가 1925년에 함중노회가 조직되었을 때 함중노회 소속이 되었다.

함북노회는 북간도 지역의 장로교회들도 관할하였다. 북간도는 독립운동의 본산지였기 때문에 함북노회에는 만세운동 때 죽거나 다친 교인들이 많았고, 1920년 청산리전투의 패전에 대한 보복으로 일본 군대에 의해 교회당이 불타고 교인들이 희생당한 일이 많았다. 대표적인 경우가 간장암교회(間獐岩敎會)로서, 교회당은 불타고 교인 14명이 학살당했다.

북간도 지역의 교회들은 나중에 동만노회(東滿老會)에 속하게 되었는데, 함북노회는 대신 시베리아에 있던 장로교회들을 관할하게 되었다.

함경도 선교를 이야기할 때 꼭 기억해야 할 인물이 두 분 있다. 캐나다장로교의 그리어슨(R. G. Grierson 한국 이름 具禮善) 선교사와 김영제(金永濟) 목사이다.

그리어슨 선교사

그리어슨 선교사는 목사이며 의사였고, 음악에도 조예가 깊었다. 그는 1899년 9월에 한국에 와서 원산을 거쳐 함경북도의 성진(현 김책시)에 선교부를 설치했다. 이어 회령에도 선교부를 설치해서 함경북도의 교회와 교육분야와 배일 애국운동에 불멸의 공헌을 남겼다. 그리어슨 선교사는 여러 교회와 함께 제동병원(濟東病院)을 설립해 원장으로 일했고 보신(普信)여학교도 설립했다. 그리고 지역사회에 음악과 스포츠를 보급하는 일에도 힘썼다. 그는 이동휘(李東輝)에게 감화를 미쳐 기독교인이 되게 하였고 수많은 학교를 세우도록 했다. 그의 활동 영역은 함경도 일원은 물론, 중국동북지역과 노령(露領) 원동지역 일대에까지 미쳤다.

[김영제 목사]

김영제 목사는 1866년생으로, 1910년 평양장로회신학교를 졸업하고(3회) 북간도 선교사로 파송되어 북간도지역 선교에 힘썼다. 김영제 목사는 1912년 함경노회가 조직될 때 초대노회장이 되었고 원산과 성진에서 목회하였으며 함남노회장을 세 차례 역임하였다.

김영제 목사가 예수를 믿게 된 동기는 간단하다. 아들 둘이 있었는데 두 아들이 일시에 죽었다고 한다. 김 목사의 장모는 도깨비를 끔찍하게 위하는 분이었는데, 김 목사는 '도깨비들 때문에 아들들이 죽었다.'며 도깨비 모신 곳을 다 때려 부수고 예수를 믿게 되었다고 한다.

김 목사는 신학교 동창 가운데 박정찬(朴禎燦) 목사와 유달리 친했다. 그리고 캐나다 선교사인 맥레(McRac 馬具禮) 목사의 어학선생을 하며 가까이 지냈는데 일본 당국이 선교사들을 추방할 때 맥레 선교사는 김영제 목사를 찾아와서 서로 붙들고 흐느껴 울었다.

3·1 운동 때 김영제 목사는 원산광석동교회를 담임하고 있었는데 만세운동에 앞장섰다가 체포되어 가장 추운 곳인 중강진에 가서 5년 동안 옥고를 겪었다. 김영제 목사가 옥살이를 마치고 원산으로 돌아올 때는 환영인파가 대단했다고 한다.

김 목사의 둘째 아들인 기석(基錫)은 당시 원산 보광중학(保光中學) 소년회장이었는데 만세운동에 앞장 섰다가 잡혀 함흥으로 끌려가서 그곳에서 옥사했다. 기석의 장례식 때는 원산의 전 교인이 10㎞ 떨어진 공동묘지까지 가며 "날빛보다 더 밝은 천당…."을 불렀다.

김 목사는 간도에서 전도할 때 하루에 120리를 걸으며 전도를 한 날도 여럿 있었다고 한다.

하루는 배가 고파 어느 집에 들어가 음식을 청했는데 그 집에서 칡죽을 내주자 맛있게 먹고 "이것이 무엇인데 이렇게 맛이 있습니까?" 물었다고 한다. 굶주린 전도인에게 그 음식은 최상의 별미로 여겨졌던 것이다. 칡죽이라는 대답을 듣고 집에 돌아와서 부인에게 칡죽을 끓여달라고 해서 먹으며 "이상하다. 이것이 그 맛있던 칡죽이란 말인가?" 했다는 이야기가 전해진다. 또 한 번은 어둠속에서 밥을 먹는데 바퀴벌레를 비벼서 먹었다는 일화도 있다.

김영제 목사는 만년에 후두염으로 고생하다가 1942년경에 성진(현 김책시)에서 세상을 떠났다.

01 무산군^(茂山郡)

철광석 채굴로 유명한 곳

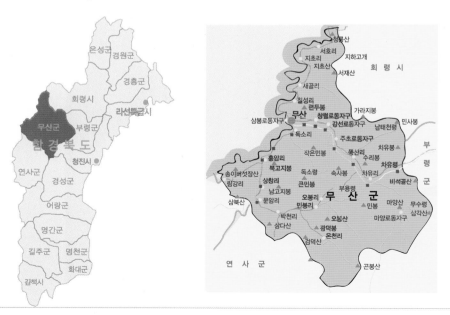

무산은 '나무가 무성한 산들이 많은 고장'이라는 뜻으로 붙여진 이름이다. 무산은 중국 연변지역을 방문한 사람들의 눈길이 많이 머무는 곳이다. 화룡시 남평(南坪)에서 무산읍 전경을 볼 수 있기 때문이다.

예전의 무산군 가운데 풍계면(豊溪面)은 회령시에 속하였고, 삼장면의 일부는 량강도 삼지연군에, 일부는 량강도 대홍단군에 속하였으며, 삼사면의 일부는 대홍단군에 속하고, 삼사면의 일부와 양사면(陽社面) 일부는 량강도 백암군이 되었다.

현재의 무산군은 예전 무산군의 무산읍·동면(東面)·어하면(漁下面)·서하면(西下面)·영북면(永北面)과 부령군(富寧郡)의 서상면(西上面) 일부이다. 무산군은 철광석 채굴로 오래 전부터 유명한 곳으로서, 무산광산련합기업소(茂山鑛山聯合企業所)의 매장량은 수십억 톤으로 추정되고 있는데 한 개의 광구를 제외하고는 노천채굴(露天採掘) 방식에 의존하고 있다. 이곳에서 생산되는 철광석은 청진·김책·송림 등지의 제철소와 제강소의 원료로 이용되고 있다. 무산군의 창렬로동자구(彰烈勞動者區)에는 노천채굴에 종사하는 노동자들이 주로 살고 있다.

중국은 2009년 9월 초에 화룡시에서 무산군 건너편의 남평에 이르는

41.68km의 철로 연장공사를 시작했
는데 이 철로는 무산군의 철광석을
반출하기 위한 것으로 보인다. 중국
은 2005년에 이미 남평에 연 60만
톤 규모의 철광가루 선광공장을 세
웠다. 이 철로는 2011년에 완공될
예정이며 공사비는 11억 9천만 위
안(약 2,000억 원)에 이를 것으로
보인다.

통나무와 감자 생산도 무산군에서 중요한 비중을 차지하고 있는데 삼
봉로동자구(三峯勞動者區)와 마양로동자구(馬養勞動者區)는 림업에 종
사하는 노동자들이 많이 살고 있다.

무산군에는 무산선(茂山線)과 백무선(白茂線) 철로가 통과하고 있으며
두만강 연안의 여러 지역과 청진으로 가는 도로가 있다.

소녀 신자들의 정성과 프레이저 선교사의 수고

현재의 무산군에 예전에 있었던 교회들을 찾아본다.

무산군 무산읍에는 무산교회(茂山敎會 1916년: 남산동 소재, 현 독소
리)가 있었다.

캐나다 선교사 프레이저(E. J. O. Fraser 裴禮仕) 목사와 전도인 이응
학(李應鶴) · 최경재(崔璟在) · 김기정(金基定) 등이 대대적인 전도로 무산
지방에도 많은 교인이 생겼고 이들을 중심으로 교회가 설립되었다. 그러
나 예배당이 없어 어려움을 겪고 있었는데 10여 명의 소녀 신자들이 돈
을 모아 16전을 헌금한 일이 많은 교인들을 감동시켜 합심으로 헌금하게
되었고 그 돈으로 건물을 매입하여 예배당으로 사용하였다. 김인찬(金仁
燦) 전도사 등이 이 교회를 섬겼다.

무산교회는 남산동에 있었는데 남산동은 이곳에 남산이 있었기 때문에
붙여진 이름이다. 남산은 해발 734m의 산이다. 무산교회가 있던 곳은
현재 무산군의 서북지역이다.

무산교회의 기초를 놓은 프레이저 선교사는 1914년에 부인과 함께 한국에 와서 원산선교부에 소속되어 함경도 지방에서 선교활동을 하였다. 그는 한동안은 용정에서 사역하였다. 일제의 탄압이 심해지던 1940년대 초반에 프레이저 선교사는 다른 선교사들을 철수시키고 뒷처리를 하면서 함경도 각 지역과 북간도 일대를 순회하며 한국인 목회자들을 격려하다가 일본 당국에 의해 체포되어 옥고와 연금생활을 겪고 추방되었다.

그는 광복 후 다시 한국에 와서 기독교연합기관들을 섬겼으며 6 · 25 전쟁 때 일시 캐나다로 돌아갔다가 1951년에 다시 한국을 찾아 피난 온 교인들을 도왔다. 프레이저 선교사는 정년은퇴를 해서 캐나다로 돌아간 다음에도 캐나다로 이민 온 한국인들을 위한 교회를 설립하는 등 한국을 위해 계속 일했다.

무산군 동면에는 신참교회(新站教會: 신참역전 소재)와 서풍산교회(西豊山教會: 서풍산 역전 소재)가 있었다.

신참역과 서풍산 역은 무산선(茂山線)의 역들인데, 무산선은 함북선(咸北線)이라고도 하며 무산 일대에서 산출되는 철광자원 개발을 위하여 1929년에 함북 부령군 고무산(古茂山)과 무산 사이 60.4㎞에 부설한 철도이다.

이 교회들이 있었던 곳은 현재 무산군의 중동부 지역이다.

강변에서 조망한 무산읍의 일부

우리의 기도

- 무산철광에서 나오는 폐기물이 두만강을 심하게 오염시키는 중요한 원인이 되고 있다는 보도가 계속 나오는데 북이 이 문제에 많은 노력을 하여 하나님의 피조세계를 잘 보존하는 일에 동참하게 하옵소서.

- 중국에서 많은 여행자들이 무산군을 바라보며 기도하는데 그 기도가 하나님께 상달되게 하여 주옵소서.

- 이 지역에서 수고한 프레이저 선교사의 후손들에게 복을 베풀어 주옵소서.

∙∙02 | 회령시(會寧市)
캐나다 장로교의 선교부가 있었던 곳

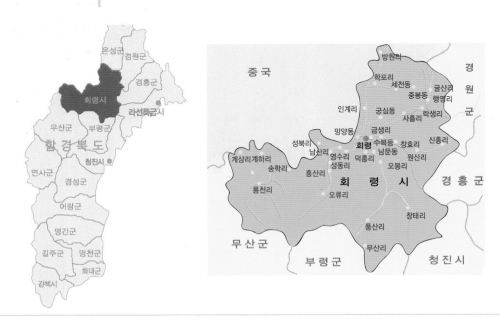

회령이라는 이름은 이곳의 옛 이름 가운데 하나인 오음회(吾音會)에서 '회'를, 이 부근에 있던 영북진(寧北鎭)에서 '영'을 따서 만든 것이다. 오음회는 언덕이나 분지를 가리키는 사투리 '오매'에서 온 말이라고 하며, 영북진은 진을 설치하니 북쪽 오랑캐들의 침입이 없어져 평안해졌다는 뜻이다. 영북진은 1432년(세종 14년)에 현재의 부령(富寧)에 설치하였는데 영북진 설치는 세종대왕의 북방경비 강화 의지를 보여주는 일로 꼽힌다.

세종은 한걸음 더 나가 여진족(女眞族)의 침입에 대비하여 두만강 하류 지역에 종성(鍾城)·온성(穩城)·회령(會寧)·경원(慶源)·경흥(慶興)·부령(富寧)의 6진을 설치하여 두만강 연안의 방비를 튼튼히 하고 삼남지방의 사람들을 이주시켜 개간을 하게 하였다. 회령에는 6진의 유적이 여럿 남아 있는데 고령진성(高嶺鎭城)·두만강행성(頭滿江行城)·백암성(白巖城)과 그 밖의 여러 성벽이 있고 6진을 개척한 함길도(咸吉道) 절제사 김종서 장군의 행적을 적은 김종서기적비(金宗瑞紀績碑)와 6진을 방비하는데 힘쓴 황보인 장군을 추모하는 황보인기적추모비(皇甫仁紀績追慕碑)가 있다.

회령시 유선동

광복 후 현대적 면모를 갖춘 아담한 도시로 발전한 유선동에는 회령식료공장을 비롯해 회령 가구공장, 회령 화장품공장 등 많은 공장들이 있으며, 특히 유선내화물공장에서 생산되는 내화 벽돌은 북부지구 제철제강 공업 발전에 큰 비중을 차지하고 있다. 또 유선에는 혁명전적지와 사적지가 있다.

회령시의 모습들

회령은 김일성 주석의 첫 번째 부인이며 김정일 국방위원장의 생모인 김정숙이 출생한 곳이다. 그래서 김정숙의 동상과 김정숙동지혁명사적관이 있다. 1995년부터 고난의 행군이 시작되면서 회령은 탈북자들이 가장 많이 넘어오는 곳이 되었다.

회령에는 예전에 캐나다 장로교 선교부가 있었다. 이곳에는 많은 양의 석탄이 매장되어 있으며 공업이 발달했었다.

현재의 회령은 예전의 회령에 비해 많이 확대되었다. 예전 회령군에 무산군의 풍계면(豊溪面)과 종성군(鍾城郡)의 행영면(行營面)과 남산면(南山面)의 일부, 부령군(富寧郡)의 서상면(西上面) 일부가 더해진 것이 오늘날의 회령이다. 다만 예전 회령의 용흥면 일부는 경원군에 편입되었다. 회령은 1991년에 군에서 시로 승격되었다.

회령은 김일성 주석의 첫 번째 부인이며 김정일 위원장의 생모인 김정숙이 출생한 곳이다. 회령에는 함경북도 내의 소학교 교원과 유치원 교양원을 양성하는 회령교원대학이 있었는데 북한은 김정숙을 기념하여 1990년에 이 대학의 이름을 김정숙교원대학으로 바꾸었다. 회령에는 김정숙의 동상과 김정숙 동지혁명사적관이 있다.

회령은 공업이 발달한 도시이고 석탄이 많이 매장되어 있어서 궁심탄광(弓心炭鑛)·유선탄광(遊仙炭鑛)·학포탄광(鶴浦炭鑛)의 3대 탄광이 있고, 석회석과 고령토 생산도 중요한 비중을 차지하고 있다. 제지업이 발달하여 회령제지공장(會寧製紙工場)과 회령크라프트지공장이 있다. 회령에서는 맛이 좋은 백살구가 많이 생산되고 있다. 함북선(咸北線) 철로가 시의 중심을 통과하고 있고 여기에서 지선(支線)들이 분리되고 있다. 도로 교통도 편리한 편이다.

김정숙이 두만강을 건너 다니며 항일운동할 때 타던 배가 전시되어 있다.

3·1운동에 앞장 선 회령읍교회

회령에는 캐나다장로교의 그리어슨(R. G. Grieson 具禮善) 선교사가 1901년부터 정착하여 선교활동을 했고, 1912년에는 선교부가 설치되어 인근지역 전도는 물론 두만강 건너 북간도 선교의 중심지가 되었다.

회령선교부에 주재하며 선교활동을 한 캐나다 선교사들은 초기의 그리어슨(R. G. Grierson)·맥도널드(D. A. McDonald 梅道捺)·바커(A. H. Barker 朴傑)·맨스필드(T. D. Mansfield 萬壽弼)와 럽(A. F. Robb)·맥멀린(R. M. McMullin 麥謨璘)·스크러톤(E. J. Scruton)·화이트로우(J. G. D. Whitelaw) 등이다.

캐나다 장로회 선교사들은 1912년 읍내에 진명학교(晉明學校)를, 1914년에는 신흥학교(信興學校)학교를 설립했는데 신흥학교에서 보흥(普興)여학교가 분립되었고 고등과도 설치되어 회령의 유일한 여자고등교육기관으로 발전했다.

3·1운동 당시에는 회령의 교회들과 교회에서 세운 학교들이 만세시위의 주동이 되었는데 회령에는 일본군 국경수비대가 주둔해 있어서 강력한 진압과 보복이 행해졌으나 만세시위는 굴하지 않고 계속되었다.

예전에 회령에 있었던 교회들을 살펴본다.

회령읍에는 회령읍교회(會寧邑敎會 1908년 설립: 1동 소재)가 있었다. 성진(城津) 선교부에서 파송 받은 전도인 안승용(安順容)의 전도활동으

● 회령시 방원리와 간평역전

압록강에서부터 두만강 끝까지 여행하다보면 이곳 방원리처럼 잘 정리되어 있는 곳은 볼 수 없다. 방원리는 농경지가 반듯하게 정리되어 있고, 주택도 잘 정비되어 있다. 김일성 주석이 이곳을 방문한 것이 이런 모습을 갖추게 된 계기가 되었다고 한다.
북한의 모든 농촌들이 이렇게 잘 정비되었으면 하는 바람을 가져본다.
함북선 철로가 방원리 서쪽의 간평역을 지난다.

● 회령 해관(세관)
왼쪽의 다리는 중국의 삼합과 연결된 폭 6m, 길이 300m의 삼합국경교인데 가운데 150m 지점이 국경이다.

로 여러 사람이 믿자 윤천여(尹天汝)의 집에서 교회가 창립되었고, 1910년에는 기와집 두 채를 매입하여 교회와 목사주택으로 사용하였으며 그다음 해에는 여러 명의 의료 선교사와 어학교사가 성진에서 와서 선교활동을 전개하여 교회가 크게 부흥했다. 이것을 보면 캐나다 장로교에서는 회령을 중요 선교 거점으로 삼았던 것이 분명하고 그 목적 가운데 하나는 간도 선교에 있었던 것임을 짐작할 수 있다.

회령읍교회

1908년 3월 3일 설립된 회령읍교회는 성진선교부에서 파송받은 안순용 전도사의 활동으로 여러 사람이 믿자 윤천여의 집에서 교회가 창립되었다. 1911년 여러 명의 선교사와 어학교사가 성진에서 와서 선교활동을 전개하여 크게 부흥했다. 단기선교의 중요성을 엿볼 수 있다.

회령성결교회

1920년 설립된 회령성결교회는 김종인(金宗仁) 목사가 설립했는데 김 목사는 새 성전을 건축하여 봉헌하였다고 한다. 이어 진서국·김신자·맹필균·김영범·함병운·김인석, 여러분의 교역자가 이 교회를 섬겼는데 그 가운데 김영범 목사와 김인석 목사는 6·25때 공산정권에 의해 참혹하게 학살당했다.

회령읍교회는 초기에 맥라우드(J. M. Macleod; 梅吉魯) 선교사와 김영제(金永濟) 목사가 담임하였다.

3·1 운동 때 회령읍교회가 만세운동의 중심이 되었기 때문에 다수의 교인이 투옥당하고 교회당이 파괴되는 어려움을 겪었는데 그 뒤에 예배당을 양옥으로 건축하였다.

회령군 보을면(普乙面)에는 유선동교회(遊仙洞敎會: 유선동 계림역 앞 소재, 현 유선동)가 있었다. 유선동교회가 있었던 곳은 회령의 중북부 지역으로 이곳은 유선로동자구가 되었다가 1991년 회령이 시로 승격하면서 유선동이 되었다. 회령군 화풍면(花豊面)에는 고령진교회(高嶺鎭敎會: 고령진역 앞 소재)가 있었다. 고령진교회가 있던 곳은 현재 회령시의 서북지역으로 중국과 접경지역이다.

예전의 회령군 벽성면(碧城面)에는 탑동교회(塔洞敎會)가 있었다.

예전의 종성군 행영면 에는 행영교회(行營敎會: 행영동 소재, 현 행영리)가 있었다. 행영교회가 있던 곳은 현재 회령시의 중동부지역으로 온성군과 회령시를 연결하는 도로가 통과하고 있다.

「장로회 사기」에 따르면 회령에 제일 먼저 설립된 교회는 승암동교회(勝岩洞敎會)인데 이 교회에 대해서는 별다른 기록이 남아 있지 않다.

회령에는 회령성결교회(1920년 설립)와 운연성

결교회(현재 회령시의 중부지역인 보을면 운연동 소재)가 있었는데 회령성결교회를 담임했던 김인석(金仁碩) 목사는 중국 동북지역에 명월구교회(明月溝教會)와 목단강교회(牧丹江教會)를 세운 분이다. 김인석 목사는 6·25전쟁이 일어나던 해인 1950년 공산정권에 의해 순교 당했다. 회령성결교회 담임자 가운데 한분인 김영범(金永範) 목사도 같은 때 순교 당했다. 침례교의 회령교회·고무산교회·동간진교회·부개리교회·북지동교회·산성동교회·서촌교회·삼봉교회·용북동교회·유지동교회·이설포교회·임천교회·중봉동교회가 있었는데 이 교회들의 소재지와 내력은 잘 파악되지 않고 있다.

현재 회령시에 있었던 장로교회들은 함북노회에 소속되어 있었다.

우리의 기도

- 회령이 이름 그대로 평안함과 만나는 곳이 되게 하여 주옵소서. 참된 평안은 주님만이 주실 수 있다는 사실을 회령의 주민들이 깨닫게 하여 주옵소서.

- 회령은 탈북자들이 가장 많은 곳이 되었는데 회령 출신 탈북자들의 남한 생활을 지켜 주시고 회령에 남아 있는 가족들이 어려움을 겪는 일이 없도록 보호하여 주옵소서.

- 회령은 현재 남한 소식이 가장 빨리, 그리고 많이 들어가는 곳이 되었는데 복음도 가장 빨리, 풍성하게 들어가게 하여 주옵소서.

..03 온성군(穩城郡)
한반도의 제일 북쪽에 있는 군

온 성군은 한반도의 제일 북쪽에 있는 군으로 온성군의 풍서리(豊西里)는 한반도의 최북단이다. 온성군은 부산에서 출발해서 경상북도와 강원도를 달려서 고성군의 군사분계선에서 멈춰 있는 국도7호선(1,191.7km)의 종착점이다.

지금까지 대홍단군·무산군·회령시에 대해서 말할 때 '남한주민들의 눈길이 많이 멈춰 있고 따라서 기도가 많은 곳'이라고 했는데 온성군이야말로 남한 주민들의 눈길이 가장 많이 머물러 있는 곳이다. 연변지역을 방문한 남한 주민들은 연길시(延吉市)를 기점으로 해서 여러 곳을 방문하는 일이 많은데, 연길시에서 도문으로 와서 조중국경인 도문교 위에서 북의 온성군 남양로동자구(南陽勞動者區)를 바라보면서 "우리의 소원은 통일, 꿈에도 소원은 통일…"을 부르는 일이 많으며, 그 가운데는 눈물을 흘리는 이들도 적지 않다.

온성은 세종 때 설치한 6진 가운데 하나로서 진을 설치하고 성을 축조하여 외적을 다스리니 온화한 고장이 되었다는 뜻으로 이 이름을 사용하게 되었다. 그 전에는 털가죽을 의미하는 '다온'과 '평야'를 뜻하는 '평'이 합하여 '다온평'(多溫平)이라는 이름을 가지고 있었다. 현재의 온성군

온성군 남양로동자구

세종 때 설치한 6진 가운데 하나로 진을 설치하고 성을 축조하여 외적을 다스리니 온화한 고장이 되었다는 뜻을 가진 온성은 연변지역을 방문하는 남한 사람들이 조중국경인 도문교 위에서 북한 온성군 남양로동자구를 바라보며 기도하는 곳이다.

"주예! 우리의 기도를 들으사 북한 주민들의 성품이 다시 온화해지는 은혜를 베푸소서"라고 기도하고 싶다.

이곳 남양에는 남양교회가 있었다.

도문교 못미처에 남양로동자구가 일목요연하게 바라보이는 높지 않은 산이 있고 그 산 중턱에 '눈물 젖은 두만강' 노래비가 있다. 이 사진은 그 산에서 찍은 것이다.

중국 도문과 북한 온성을 연결하는 다리
1933년 남양과 중국 도문시를 연결하는 다리가 준공됨으로 온성은 교통의 요충지가 되었고, 함경북도 상업의 중심지가 되었다.

조중변경지역 안내 표지판

은 예전의 온성군에 종성군의 종성면(鍾城面)·풍곡면(豊谷面)과 남산면(南山面)의 일부가 합해진 것인데, 예전 온성군의 훈융면(訓戎面)은 경원군(慶源郡)에 편입되었다.

현재의 온성군에는 로동자구가 열 개나 있고, 리가 열다섯 개가 있다. 온성군에는 해발 1,000m 이하의 산들이 여럿 있으며 두만강 연안에는 온성벌을 비롯하여 비교적 넓은 평야들이 있다. 산성천(다른 이름 창평천)과 종성강(鍾城江)이 온성군을 흘러 두만강으로 유입된다.

온성군에는 목축업이 발달했는데 특히 면양을 많이 기르며 석탄을 캐는 탄광들이 여럿 있다. 함북선이 군의 서부와 북부를 지나는데 여기에서 여러 개의 지선(支線)이 연결되어 있고 또 중국의 도문과 개산툰(開山屯)으로 연결된다.

온성은 김일성 주석의 항일무장투쟁과 관계가 많은 곳이다. 김일성은 초기에 "나는 서부지방에서 태어나 어린 나이에 이국생활을 하느라고 두만강 일대의 육읍(六邑)에 대한 파악이 별로 없어서 온성을 방문할 필요가 있다."고 하며 온성에 들어와 철도부설공사장에서 인부들과 함께 일

하면서 노동자들의 모습을 보고 심각한 충격을 받고 노동계급의 행복을 위해 평생을 바치겠다는 열망을 불태우게 되었다고 그의 회고록인 「세기와 더불어」에서 말하고 있다.

● **온성읍**
온성은 김일성 주석의 항일무장투쟁과 관계가 깊은 곳이다.

왕재산혁명사적지

　김일성 주석은 1933년 3월 11일에는 온성에 있는 왕재산(旺載山)에서 온성지구 지하혁명 조직책임자들과 정치공작원들을 모아 항일무장투쟁을 국내로 확대 발전시키는 전략적 방침을 제시했다고 한다. 이것이 왕재산회의로서 온성에는 이것을 기념하는 왕재산대기념비와 왕재산혁명박물관, 왕재산혁명사적지, 왕재산혁명사적지 답사숙영소가 있는데 그 가운데 왕재산대기념비는 중국쪽에서도 잘 보인다. 이 기념비는 1975년 만수대창작사 조각창작단에서 세웠는데 김일성 주석의 동상·봉화탑·전투편 등의 부조, 왕재산혁명사적비 등으로 구성되어 있다. 왕재산회의가 열린 이듬해에는 온성군의 풍인노동자구에 있는 진명서숙에서 회의를 열고 당조직을 확대하기 위한 회의를 열었다.

윤동주 시인의 유골이 통과한 역 앞에 있었던 삼봉교회

현재의 온성군에 예전에 있었던 교회들을 찾아본다.

예전 종성군 남산면에는 삼봉교회(三峰敎會: 삼봉동 상삼봉역전 소재, 현 삼봉로동자구)가 있었다.

상삼봉역은 중국의 개산툰역과 연결되는 곳이다. 일본에서 옥사한 윤동주(尹東柱) 시인의 유골이 이 역을 지나 그의 집이 있는 용정으로 돌아왔다.(2007년 여름에 개산툰의 현장에서 주민들에게 확인한 바로는 지금은 북한과 중국 간에 기차가 다니지 않는다고 한다.)

종성군 종성읍에는 종성교회(鍾城敎會: 1919년 설립)가 있었다.

종성교회는 고일섭(高一涉)의 전도로 신자가 점차 증가하여 오준경(吳俊京)의 집에서 예배를 드리기 시작했는데 김영제(金永濟) 목사에 의해 교회가 정식으로 설립되었다. 종성교회가 있던 종성읍은 다른 몇 개의 로동자구·리와 함께 1974년에 온성군에 편입되었다.

종성군 종성면에는 동관교회(潼關敎會: 동관동 동관역전 소재, 현 동관리)가 있었다.

온성군 영충면에는 신초덕교회(新草德敎會 1924년 설립: 북창평동 소재, 현 창평로동자구)가 있었다.

온성군 남양리에는 남양교회(南陽敎會: 남양역전 소재, 현 남양로동자

구)가 있었다.

온성읍에는 온성읍교회(穩城邑敎會: 1917년 설립, 온성읍)가 있었다. 온성읍교회는 전도부인 전은혜(全恩惠)의 전도로 설립되었다.

온성군에는 온성성결교회(穩城聖潔敎會)와 종성성결교회(鍾城聖潔敎會)도 있었다.

현재의 온성군에 있었던 장로교회들은 함북노회에 속해 있었다.

● **삼봉로동자구(위)와 상삼봉역 앞에 있었던 삼봉교회**
삼봉로동자구의 주민들은 대부분 철도 종업원이다. 상삼봉은 세개의 산봉우리가 있는 곳에서 윗쪽에 있는 마을이라는 뜻이다.

우리의 기도

- 두만강 다리 위에서 온성군을 바라보며 드리는 여행자들의 기도에 귀를 기울여 주옵소서.

- 온성은 면양을 많이 키우는 곳인데 양을 키우는 주민들이 "나는 선한 목자라"(요 10:15)라는 주님의 음성을 듣게 하여 주옵소서.

- 도문에 탈북자 수용소가 있고 많은 탈북자들이 도문교를 통해서 북으로 강제 송환되고 있는데 탈북자들이 중국에서나 북에서 인도적인 대우를 받게 하여 주옵소서.

경원군(慶源郡)

이순신 장군의 첫 부임지

압록강 서쪽 끝에서 두만강 동쪽 끝까지 가려면, 신도군에서 중강군 까지는 동북방향으로, 중강군에서 혜산시까지는 동남방향으로, 혜 산시에서 삼지연군까지는 북쪽으로, 삼지연군에서 온성군까지는 동북방 향을 향한다. 그리고 이 발길의 마지막 부분이라고 할 수 있는 온성군에 서 경흥군까지는 거의 남쪽을 향하게 된다. 이 부분은 한반도 지도에서 오른쪽 끝의 뭉툭한 곳에 해당된다.

경원군은 이름이 여러 번 바뀌었는데 그 이름마다 유래가 있다. 고려 때는 이곳의 이름이 공주(孔州) 또는 광주(匡州)라고 하였는데 이것은 '검은골' 이라는 뜻을 가진 '곰골' 또는 '검골' 의 이두식 표기이다. 석탄

이 많아서 땅 빛이 검다는 뜻으로 이런 이름을 갖게 되었다. 또 가래나무가 많아서 추성(楸城)이라고도 하였다.

조선조 초기에 와서는 경원(慶源)이 되었는데 이는 이성계 선조의 무덤이 이곳에 있어서 경사스러운 조선왕조의 발원지라는 뜻으로 이렇게 정했다.

1977년에는 새별이 되었는데 이는 김일성 주석이 일제 강점기에 일제의 통치에 신음하는 주민들에게 샛별처럼 조국광복의 서광을 비쳐 주었다는 뜻이다. 김일성 주석은 항일무장투쟁을 하던 시기인 1933년 3월에 온성의 왕재산에서 회의를 한 뒤, 경원 일대로 진출하여 회의, 강습, 정치공작을 한 일이 있다.

2004년에는 새별군에서 다시 경원군이 되었다.

이 지역은 여진족의 침략을 자주 받던 곳이었다. 충무공 이순신 장군이 무과에 급제하고 처음 부임한 곳이 이곳으로서, 1538년 건원보 권관(乾元堡 權管)으로 부임한 이순신 장군은 그 해 7월에 여진족의 두목을 참살하였다.

이곳에는 외적의 침입을 방어하기 위한 성이 여러 개 남아 있는데 대표적인 것은 김종서가 축조한 훈융진성(訓戎鎭城) 이다.

예전의 경원군 유덕면(有德面)과 아산면(阿山面) 일부는 경흥군(慶興郡)에 편입되었고, 현재의 경원군은 예전 경원군의 경원면·안농면(安農面)·동원면(東原面)·용덕면(龍德面)·아산면의 일부와 종성군의 용계면(龍溪面)과 온성군의 훈융면(訓戎面)으로 이루어져 있다.

경원군에는 평야가 비교적 많다. 함경산맥이 서부와 남서부에 뻗어 있고 오룡천(五龍川)과 성천강(城川江)이 두만강으로 유입되고 있다.

경원군의 3대 생산물은 유연탄과 곡물과 축산물이다. 석탄은 고건원탄

경원군

광(古乾原炭鑛)·룡북청년탄관(龍北靑年炭鑛)·하면탄광(下面炭鑛)에서 주로 생산되고 있으며, 경원군의 경원종양장(慶源種羊場)은 북한에서 제일 큰 규모를 자랑하고 있다.

훈융역 앞에는 훈융교회가, 신건역 앞에는 신건교회가….

현재의 경원군에 예전에 있었던 교회들을 찾아본다.

예전 온성군 훈융면에는 훈융교회(訓戎敎會 1930년 설립: 풍무동 훈융역전 소재, 현 사수리)가 있었다.

박창영(朴昌英) 목사가 이 교회를 섬겼다. 박창영 목사는 1880년 함남 단천(端川)에서 출생하여, 1913년 평양 장로회신학교를 졸업하고 함경노회에서 목사안수를 받은 후, 캐나다 선교사 럽(A. F. Robb)과 동사목사로 성진중앙교회를 섬기고, 이어 이원(利原)·솔내(松川) 지방에서 럽 선교사와 함께 동사목사로 시무하였고 그 뒤 서호(庶湖)교회를 담임하면서 함북노회장을 역임하였다.

1922년 함북노회에서 시베리아노회를 분립하고 선교사를 파송할 때, 박창영 목사는 시베리아에 선교사로 파송되어 그곳의 동포들을 위해 수고했다. 이분은 1939년 4월에 훈융교회에 부임하여 시무하다가 그 다음 해에 별세하였다.

럽 선교사

1901년 10월에 한국에 와서 원산을 거쳐 성진에 와서 함경북도와 북간도, 노령 블라디보스톡에 이르는 광범위한 지역에서 선교활동을 했다. 그는 강직하고 성실하며 학구적이고 노력형인 교역자로서, 1907년 대부흥운동의 지도자 가운데 한 사람이었다. 불경건한 생활을 하는 사람이 있으면 그대로 묵과하지 않았다. 선교사 가운데 한국인을 멸시하는 사람이 있으면 어김없이 이를 지적하여 선교사들 사이에서 따돌림을 당하는 일이 많았다.

럽 선교사는 평양신학교에서 여러 해 교회사를 가르쳤는데 자유주의 신학사상을 가져서 보수주의 선교사들의 공격을 종종 받았다. '에헴' 소리를 잘해서 '업에 헴'이라는 별명을 가졌던 그는 1935년 10월, 세상을 떠났는데, 장례식은 평양에서 평양신학교장으로 거행되었고, 그의 유언에 따라 시신은 그가 사랑하던 함경도 땅 함흥에 안장되었다.

훈융교회가 있었던 곳은 현재 경원군의 북부 지역으로 마유산(馬乳山 445m)이 있다. 훈융역은 함북선의 역들 가운데 하나인데 이 역에서 중국의 수만역(水蠻驛)을 거쳐 훈춘으로 가는 선로가 갈라진다.

종성군 용성면에는 농포동교회(農浦洞敎會: 농포동 소재, 현 농포리)가 있었다. 농포동교회가 있던 곳은 경원군의 중동부로서 두만강 연안지역이다. 경원군 용덕면에는 고건원교회(古乾原敎會: 고건원리 소재, 현 고건원로동자구)가 있었다.

고건원교회가 있던 곳은 경원군의 남서부지역으로 함북선의 지선인 고건원선(古乾原線)의 종착점이다.

함북선의 신건역(新乾驛)에서 고건원선이 갈라지는데 신건역 앞에는 신건교회(新乾敎會)가 있었다.

경원군 동원면에는 용북동교회(龍北洞敎會 1936년 설립: 임대동 소재, 현 용북로동자구)가 있었다. 최용한(崔龍漢) 전도사가 이 교회를 섬겼다. 용북동교회가 있었던 곳은 경원군의 남동부지역이다.

경원군 안농면에는 안원교회(安原敎會: 안원동 소재, 현 안원리)가 있었다. 안원교회가 있었던 곳은 경원군의 남동부지역으로 경원군에서 경흥군으로 가는 도로가 이곳을 통과한다.

경원군 경원읍에는 경원교회(慶源敎會 1918년 설립)가 있었다. 경원교회는 이응호(李應鎬)·조운섭(趙雲燮) 등의 전도로 설립되었으며 조윤동(趙允棟) 전도사가 이 교회를 섬겼다. 경원교회가 있었던 곳은 경원군의 중동부지역이다.

현재의 경원군에 있었던 교회들은 함북노회에 속해 있었다.

우리의 기도

- 경원군의 여러 탄광에서 석탄을 캐는 광부들의 안전을 지켜 주옵소서.
- 오랫동안 새별군이라는 이름을 가지고 있었던 이곳의 주민들이 주님이 광명한 새벽별(계 22:6)인 것을 깨닫게 하여 주옵소서.
- 경원군에 성령의 역사가 뜨겁게, 강하게 일어나서 함경북도는 물론 북한 전역으로 퍼져 나가게 하여 주옵소서.

..05 경흥군^(慶興郡)

경흥군^(慶興郡)
북간도 기독교 역사의 발원지

권하(圈河)−원정(元汀) 국경교
중국의 훈춘시 경신진 권하통상구와 북한의 라선특급시 원정리를 연결하는 다리. 오른쪽의 흰 3층 건물은 북한의 라진해관. 라선특급시를 방문하려면 연길을 거쳐 훈춘을 지나 이 다리를 건너야 한다. 이 다리는 2010년 3월 15일, 보수공사에 들어갔는데 공사비 400만 위안(약 7억 원)은 모두 중국에서 부담하기로 했다고 한다. 다리 건너에는 1997년에 원정리 자유시장이 개설되어 관심을 모으기도 했다.

경흥군은 이름이 여러 번 바뀌었는데 이름 변천의 맥락은 북쪽에 있는 경원군과 같다. 고려때와 조선왕조 건국 초기에는 공주(孔州)·광주(匡州)·추성(楸城) 등 여러 이름을 가지고 있다가 조선조 초기에 이성계 선조의 무덤과 관련하여 '경사스럽고 흥성할 곳'이라는 뜻으로 경흥이라는 이름을 갖게 되었고, 1977년에 김일성 주석과 김정일 위원장의 크나큰 은덕으로 나날이 변모해 가는 고장이라 하여 은덕(恩德)으로 이름을 바꾸었다가 2004년에 도로 경원이 되었다.

예전 경흥군의 풍해면(豊海面)과 웅기읍(雄基邑)의 일부는 부령군(富寧郡)에 편입되었다. 현재의 경흥군은 예전 경흥군의 아오지읍(阿吾地邑)과 경흥면 일부에 경원군의 유덕면(有德面)과 아산면(阿山面)의 일부, 종성군(鍾城郡)의 일부, 회령군의 용흥면 일부가 합해서 이루어졌다.

지금 열거된 여러 지명에서 우리에게 낯익은 이름이 있는데 바로 아오지이다. 아오지에는 우리나라 최대 갈탄 탄전인 아오지탄광이 있는데 이곳의 이름이 우리에게 낯이 익은 이유는 북의 정치범이나 사상범들의 강제노역장으로 이용되던 곳이기 때문이다. 중강군 편에서 소개된 탈북국군포로 조창호 소위도 아오지탄광 생활을 겪었는데, 조창호 소위를 비롯하여 여러 인사들이, 국군포로들이 이곳에서 많은 고초를 겪었다고 증언하고 있다.

아오지는 여진말로 '불이 붙는 돌'이라는 뜻이라고 하는데, 지금은 룡연로동자구(龍淵勞動者區)가 되었고 아오지탄광은 '6월13일탄광'으로 이름을 바꾸었다.

경흥군은 대부분 구릉지대와 평야로 되어 있고 군의 중앙을 회암천(灰岩川)이 흐르고 있는데 경흥군은 두만강의 중요한 지류 가운데 하나인 오룡천(五龍川)의 발원지이다.

경흥군은 채굴업과 함께 화학공업이 발달한 곳으로서 메타놀과 비료를 많이 생산하고 있는데 은덕화학공장은 북한 북부지역의 중요한 공장으로 꼽히고 있다. 이 공장의 원래 이름은 아오지인조석유공장(阿吾地人造石油工場)이었다. 또 곡물생산과 목축업도 발달되어 있으며 배를 많이 생산한다.

함북선이 군의 동부를 달리고 있고 신의주에서 시작해서 우리나라의 육지에서 동쪽 끝인 라선특급시 우암리까지 가는 도로가 함북선과 나란히 뻗어 있다.

캐나가 장로회 선교부가 기른 인물들

현재의 경흥군에 예전에 있었던 교회들을 찾아본다.

경흥군 경흥면에는 경흥교회(慶興敎會 1910년 설립: 경흥동 소재)가 있었다.

경흥교회는 김계언(金桂彦)의 전도로 흥명학교(興明學校) 교장 김태훈(金泰勳)과 교사 김문협(金文協) 등 17인이 믿게 되어 흥명학교 강당에서 예배를 드림으로 시작되었다. 이 교회는 포은동교회(浦恩洞敎會)를 개척하였고 채필근(蔡弼近) 목사 · 김관식

(金觀植) 목사 · 김유직(金有稷) 목사 · 정기헌(鄭耆憲) 목사 등이 시무하였다.

경흥군 아오지읍에는 아오지교회(阿吾地敎會 1924년 설립: 아오지 역전 소재, 현 경흥읍) · 회암동교회(灰岩洞敎會: 회암동 소재) · 산성동교회(山城洞敎會: 산성동 소재) · 귀락교회(貴洛敎會: 귀락동 소재) · 오봉동교회(梧鳳洞敎會: 오봉동 소재)가 있었다.

아오지교회는 권순천(權順天) 목사와 유창덕(柳昌德) 전도사 등이 시무하였고 오봉동교회는 신영옥(申榮玉) 전도사가 시무하였다.

경원군 아산면(阿山面)에는 신아산교회(新阿山敎會: 신아산역전 소재) · 산서동교회(山西洞敎會 1936년 설립: 산서동 소재)가 있었다. 정정혜(鄭正惠) 여전도사가 이 교회를 섬겼다.

현재의 경흥군에는 서수라성결교회(西水羅聖潔敎會) · 회암성결교회(灰岩聖潔敎會)와 여러 개의 침례교회가 있었다. 고읍교회 · 나산동교회 · 솔봉교회 · 약상교회 · 용복동교회 · 온성교회 · 응산교회 · 증산교회 · 풍인교회 등인데 이 교회들의 위치와 내력은 알려져 있지 않다.

여기에서 경흥읍교회를 담임했던 교역자들 가운데 세 분에 대해서 살펴보자.

채필근 목사

1918년에 이 교회를 담임한 채필근(蔡弼近) 목사는 한국에 첫 선교사들이 들어온 1885년에 평남 중화군에서 태어났다. 채필근의 아버지는 유학자였으나 같은 마을, 같은 문중인 채정민(蔡廷敏)의 전도를 받아 기독교인이 되었다. 채정민은 뒤에 장로교 목사가 되었는데 강직한 성품과 신사참배 운동으로 널리 알려졌고 '회개를 외치던 노선지자'라는 말을 들은 분이었다.

아버지를 따라 교회에 나가게 된 채필근은 용산리교회(龍山里敎會)의 설교를 7년간 맡았고 숭실전문 재학시절에 항일운동에 앞장서다가 북간도로 망명하게 되었다. 북간도로 가던 중에 회령에 들려 캐나다장로회의 파커 선교사와 김영제 목사를 만났는데 캐나다 장로회 선교부에서는 채필근을 캐나다 장로교 선교구역의 조사로 임명하였다.

채필근은 함경북도의 경흥 · 경원 · 은성 · 종성 · 회령 · 부령 등지와 두만강 건너 시베리아 우수리에 이르는 광활한 지역을 순회하며 함북의 13처, 북간도의 20

처 교회를 돌아보았다. 1913년에 평양장로회 신학교에 입학했는데 신학생 시절에는 경흥읍교회 장로로 교회를 섬겼다. 1918년에 신학교를 졸업(11회)하고 함북노회에서 목사안수를 받음과 동시에 경흥읍교회 위임목사로 부임하여 2년간 시무하며 교회를 부흥시켰다.

그 뒤 캐나다장로회 선교부의 주선으로 일본 유학을 다녀와서 숭실전문 교수로 있으면서 평양 시내 여러 교회에서 설교했다. 이후 채필근 목사는 서울과 평양에서 신학교 교수와 교회 담임목사로 수고하다가 1973년에 별세하였다.

김관식 목사

1921년에 경성읍교회를 담임하여 1년간 시무한 김관식(金觀植) 목사는 1887년 경기도 양주에서 출생하여 보성전문(현 고려대) 법과를 졸업하고 독립운동을 하기 위해 북간도로 향하다가 함경남도 이원(利原)에 잠시 머물게 되었는데 이때 민족정신 고취를 위해 막 개교한 이원중학 교사로 재직하게 되었다. 여기에서 신앙을 갖게 된 김관식은 회령 지방 순회전도사가 되었고, 평양장로회 신학교에 입학하여 1921년에 졸업하고(14회) 경흥읍교회 목사로 부임하였다.

김관식 목사는 캐나다장로회 선교부의 도움으로 유학의 길에 올라 캐나다와 미국에서 공부하고 돌아와 함흥영생중학교 교장으로 봉직하였다. 그 이후에는 주로 여러 연합기관에서 일하다가 1948년에 별세하였다.

김관식 목사가 교장으로 봉직한 함흥영생학교는 1903년 개교했는데, 해방 후인 1956년부터 동창생들을 중심으로 재건운동이 벌어져 1990년에 경기도 수원시에서 다시 문을 열었다. 영생중고등학교는 한신대학교와 같은 재단에 속해 있으며 교훈은 '믿음 · 소망 · 사랑' 이다.

채필근 목사 · 김관식 목사는 모두 목사안수를 받은 뒤 초임으로 경흥읍교회를 섬겼고, 재임기간이 짧았으며, 캐나다장로교 선교부의 도움으로 의해 외국유학을 했다는 공통점을 가지고 있다. 이것은 캐나다 장로교 선교부가 인재양성에 힘썼다는 증거이기도 하다.

[정기헌 목사]

1923년에 경흥읍교회 담임목사로 부임한 정기헌(鄭耆憲) 목사는 1876년 평안도에서 출생하여 일찍부터 함경남도의 원산 · 문천 · 고원지방의 전도인으로 일하다가 1914년 평양 장로회신학교에 입학하였다. 정기헌은 신학생 생활을 하면서 경성군(鏡城郡) 주령(宙寧)지방과 경흥군의 웅상(雄尚)·노구산(蘆邱山)·굴포(屈浦)·서포항(西浦項)교회의 조사로 일했다.

1921년에 신학교를 졸업(14회)하고 함북노회에서 목사안수를 받은 뒤 웅상·노구산·굴포·서포항 네교회에서 선교사 레이시(Lacy 禮是)와 동사목사로 사역하였다. 1923년 경흥읍교회와 고읍교회(古邑教會)에서 럽 선교사와 동사목사로 일하다가 1926년에 함남 이원읍교회로 옮겨 일본 강점기 말까지 시무하면서 1930년과 1937년 두 차례에 걸쳐 함중노회장을 역임하였다.

경흥군을 바라보며 우리가 꼭 기억해야 할 인물은 문재린(文在麟) 목사와 함경북도의 오룡촌 실학파들이다.

문재린 목사는 문익환(文益煥) 목사의 부친인데 1896년 함경북도 종성군 화방면 녹야리(鹿野里)에서 태어났다. 종성군 화방면 녹야리는 지금은 경흥군 록야리로 바뀌었다.(예전 녹야리와 지금 록야리는 이름은 같아도 지역은 반드시 일치하지는 않는다) 문재린 목사의 증조부와 이 일대에 살던 실학자들이 1899년 2월 18일 일시에 두만강을 건너 간도의 명동촌으로 이주하였다. 문재린 목사는 해방 전에 용정중앙교회를 담임했었는데, 군사정권 시절에 민주화운동을 하다가 캐나다에서 장기간 돌아오지 못하는 일을 겪었다.

1981년 여름, 문 목사님이 귀국한 직후 당시 극동방송에서 중국선교를 책임지고 있던 유관지 목사가 수유리 댁에 가서 여독이 채 풀리지도 않은 문 목사님을 모시고 방송국에 와서 대담한 내용의 일부를 여기에 옮긴다.

문재린 목사

유: 최근에 저희 방송국에 온 중국 동포의 편지 가운데 실학 연구에 대한 자료를 보내달라고 한 어느 학자의 편지가 있는데요, 북간도와 실학이 관계가 깊은 것으로 알고 있는데, 목사님께서 이 방면에 조예가 깊으신 것으로 알고 있습니다만….

문: 좀 압니다. 북간도의 명동이라고 하는 데는 함경북도의 오룡촌 실학파가 그대로 옮겨 온 곳입니다. 그래서 실학이 오룡촌에서 꽃피어 명동에 들어와 열매를 맺었다고까지 했

명동촌

오룡촌 사람들이 이주하여 일군 마을이 마을의 원래 이름은 '부걸라재' 로서 '비둘기 바위' 라는 뜻이었다. 마을 어구에 비둘기가 많이 모이는 선바위(일명 삼형제 바위)가 있었기 때문에 이런 이름을 갖게 되었다. 이곳으로 이주한 실학자들은 동한(董閑)이라는 지주에게서 600만 평의 땅을 약 1만 냥에 구입하여 개간하였다. 이곳은 명동학교가 세워지면서 명동촌이 되었는데 명동은 '동쪽의 밝은 마을' 이라는 뜻이다.

습니다. 그때 실학자로 유명한 분들이 회령, 종성, 경원에 계셨는데 모두 다섯 분이어서 5현인이라고 했고 그분들이 난 곳이라고 해서 '오룡촌' 이 된 것이 아닌가도 하는데 그분들이 제 처가의 어른들이 됩니다. 이분들을 중심으로 해서 스물네 집이 2월 4일에….

유: 집단이주를 했군요.

문: 그렇지요, 집단이주지요. 화룡현(和龍縣)으로 집단이주를 해서 땅을 샀는데 땅의 십일조, 열의 하나를 떼서 '이것은 학전(學田)이다. 교육하는 데 쓴다.' 그랬고, 도서관도 만들어 놓고, 세 동네에 학교도 만들어 놓고 그러다가 1907년에 그 학생들을 모아놓고 학교를 시작했어요. 그것이 명동학교죠.

유: 아주 의미 깊은 출발이었네요.

문: 시작은 했는데 선생이 없었어요. 그때 스물다섯 살 난 청년이 와서 선생되기를 자원했는데 월급을 한 달에 1원으로 정했어요. 취직하기 위해서가 아니고 사명감을 가지고 온 것이지요. 그이가 누구인가 하면 건국대 총장을 했고 지금은

캐나다에 있는 정대위(鄭大爲) 박사의 선친이예요.

이 대담 기록에는 오룡촌 실학자들이 두만강을 건넌 날이 1899년 2월 4일로 되어 있는데, 문재린 목사의 회고록 「기린갑이와 고만녜의 꿈」에는 2월 18일로 되어 있고, 스물네 집이 아니라 25세대가 건넌 것으로 되어 있다. 아마 후자가 정확할 것이다. 화룡현은 시가 되었는데, 명동촌은 룡정시에 편입되었다.

당시 명동촌으로 이주한 분들은 문병규(문재린 목사의 증조부) · 김약연(뒤에 목사가 됨) · 남종구 · 회령의 김하규, 4개 가문 142명이었는데 그 다음해에는 먼저 간도에 들어와 있던 윤하현(윤동주 시인의 할아버지)도 명동촌으로 와서 이들과 합류하였다. 앞에서 언급된 정대위 박사의 선친은 정재면(鄭載冕: 뒤에 목사가 됨)인데 명동학교 교사로 부임한 그의 노력에 의해 명동촌 전체가 복음화되었다.

이 대담은 더운 여름날에 진행되었는데 당시 스튜디오에 냉방장치가 없어서 문 목사께서 부채질을 계속하고 때로는 부채로 탁자를 탁탁 내려치는 바람에 애를 먹었다. "실학이 오룡촌에서 꽃피어 명동에 들어와 열매를 맺었다."는 것은 김재준(金在俊) 목사의 말이다.

경흥은 이와 같이 북간도 이주사(移住史), 특히 북간도의 기독교 역사에 있어서 발원지가 되는 곳이다.

경흥에 있던 교회들은 함북노회에 속해 있었다.

우리의 기도

- 경흥군은 오랫동안 은덕군이라는 이름을 가지고 있었는데 이곳의 주민들이 '은혜'라는 말의 참된 뜻을 알게 하시고 주님의 은혜에 감사하게 하여 주옵소서.
- 경원군의 여러 교회에서 수고한 교역자들과 선교사들의 후손들에게 복을 주옵소서.
- '6월13일탄광'(옛 이름 아오지탄광)을 비롯하여 경원군의 탄광들과 은덕화학공장에서 일하는 노동자들의 안전을 지켜 주옵소서.

..06 라선특급시 (羅先特級市)
경제무역지대로 잘 알려진 곳

한반도의 서쪽 끝은 평안북도 신도군 비단섬이고, 북쪽 끝은 함경북도 온성군 풍서리이며, 남쪽 끝은 섬을 넣었을 때는 제주특별자치도 서귀포시 대정읍 마라도이고, 섬을 넣지 않았을 때는 전라남도 해남군 송지면이다.

그러면 동쪽 끝은 어디일까? 섬을 넣었을 때는 두말할 것없이 경상북도 울릉군 독도이고, 섬을 넣지 않았을 때는 함경북도 라선특급시 우암리(牛岩里)이다.

중국에서 한국과 중국의 경계를 이루는 압록강과 두만강 건너편으로 바라보이는 북한 각 지역이 어떤 곳인가, 그곳에는 과거에 어떤 교회들이 있었나, 그곳에서 수고한 기독교인물은 어떤 분들인가, 그곳을 위해서 우리는 무엇을 기도할 것인가, 이런 것들을 생각하며 출발한 우리의 발걸음은 한반도의 서쪽 끝인 비단섬에서 시작해서 압록강과 두만강에 연접해 있는 북한의 5시(市) 21군(郡)을 살피며 드디어 동쪽 끝인 우암리를 안고 있는 라선특급시에 이르게 되었다.

라선특급시는 라진시(羅津市)와 선봉군(先鋒郡)이 합해 이뤄진 곳으로서 아주 복잡한 행정구역 개편과정을 거쳐 오늘에 이르고 있다.

● 두만강의 끝

중국의 방천, 러시아의 핫산, 북한의 라선특급시가 국경을 마주하며 만나는 곳으로 통일한국의 미래가 바로 이곳에 달려 있다고 해도 틀린 말이 아니다. 이곳은 러시아의 지하자원, 중국의 노동력, 북한의 노동력, 남한의 기술과 자본, 일본의 자본과 기술이 만나는 곳이다. 이곳에서 생산된 물건들은 유라시아 철도를 통해 전 유럽으로 팔려 나갈 것이다.

이곳 지명이 라선특급시가 되기 전에 북한은 이곳을 선봉군이라 하였다. 선봉군이란 러시아 공산주의가 이곳을 통해 들어왔는데, 공산주의가 들어오는데 선봉을 섰다고 해서 붙여진 이름이다. 그런데 지금은 경제특구를 통해 자본주의가 들어오는데도 선봉에서는 역할을 하고 있다.

라진시는 일제 강점기에 일본이 대륙 진출의 발판으로 삼기 위해 개발
한 항구이다. 만주국(滿洲國)이라는 괴뢰국가를(중국에서는 거짓된 나라
라는 뜻으로 '僞滿國'이라고 부른다) 세운 일본은 라진이 동경, 니가타(新
潟)를 거쳐 당시 만주국의 서울이었던 장춘(長春: 당시 이름 新京)을 연결
하는 최단거리에 있다는 점에 착안했던 것이다. 북에서는 이곳을 "일제침
략자들의 대륙침략을 위한 군사기지였었던 곳"이라고 말하고 있다.

선봉군의 원래 이름은 웅기군(雄基郡)인데 웅기군은 1952년 군면리대
폐합 당시 경흥군의 노서면(蘆西面)과 웅기읍·경흥면의 일부와 종성군
의 화방면 일부를 합해 신설한 군이다.

그리고 현재의 라진시는 예전의 라진시에 부령군(富寧郡)의 삼해면(三
海面)과 관해면(觀海面)이 합해진 곳이다.

1943년 당시 라진시는 소화통일정목(韶和通一丁目), 환산통일정목(丸
山通一丁目), 대화정일정목(大和丁一丁目) 식의 일본식 이름으로 가득했
었다.

1981년에는 웅기군의 이름을 선봉군으로 바꾸었고, 1993년에는 라진
시와 선봉군을 라진·선봉시로 개편하고, 2000년에는 라진시와 웅기군

을 합해 라선직할시를 만들었는데, 라선직할시는 2004년 1월에 라선특급시로 개편되어 함경북도에 속하게 되었다.

라진·선봉은 경제무역지대로 우리에게 잘 알려진 곳이다.

북한은 1978년부터 시작된 제2차 7개년 계획의 마지막 해인 1984년에 외국인의 직접투자를 유치하기 위한 26개 조항으로 된 합영법(合營法)을 제정하여 공포함으로써 외자유치정책을 시작하였고 중국의 경제특구를 모방해 1991년 12월 28일 외국 자본 및 기술 유치를 위한 '라진-선봉자유무역지대'를 선포했다. 그런데 1998년에는 이 이름에서 '자유'를 삭제하여 현재는 '라진-선봉경제무역지대'로 불리고 있다. 그 면적이 처음에는 621㎢였으나, 1993년에 125㎢를 추가하여 746㎢이 되었다.

북한은 이 지역을 2010년까지 동북아의 국제적인 화물중계지, 수출가공기지, 관광·금융기지의 기능을 가진 중계형 수출가공기지로 발전시킬 것을 구상하였으며, 외국인이 자유경제무역지대 내에서 북한 당국의 승인하에 합작기업·합영기업·외국인 재정지원기업 등 각종 형태의 기업 설립·운영과 서비스 부문에 참여할 수 있도록 허용하는 등 외국 자본과 기술유치에 적극적인 입장을 보였다.

이를 위해 북한은 앞에서 말한 것과 같이 라진·선봉시를 직할시로 승격시켰으며, 교통 운수 및 통신을 비롯한 하부구조 건설을 최우선 대상으로 선정하고 도로 및 항만 개발에 착수하는 한편, 외국인 투자유치에 나섰다.

그 후 자유경제무역지대 투자유치희망 사업내역을 대규모 제조업·사회간접자본에서 수출용 경공업 및 가공산업으로 조정했으나 투자환경 미비와 북·미, 북·일 관계개선이 지연되어 외자유치실적은 저조했고 김일성 주석 사망 후 북한 내부의 불안정, 기초 인프라의 부족, 남한 기업 참여의 배제 등 여러 요인 때문에 이 지역에 대한 투자는 화교들이 전체의 3분의 2, 일본(조총련)이 약 20%를 차지하는 가운데 매우 저조한 형편이고 그나마 대부분 호텔·식당·운수·상업 등 서비스 부문에 치중되어 있는 실정이다.

이곳은 1930년대에 건설한 호텔을 리모델링한 남산호텔과 1996년에

라선특급시의 한 마을

지은 라진호텔, 특급호텔인 엠페러(英皇)오락호텔 등의 숙박시설과 라선국제통신쎈터 등이 경제무역지대의 면모를 보여주고 있고 중국 업체가 초호화 아파트를 지어 한때 화제가 되기도 했었으며, 한때는 한국 NGO들이 활발하게 진출했었다.

라선특급시는 함경산맥과 함경산맥에서 갈라진 송진산맥(松眞山脈)에 의해 형성된 높은 산지 밑에 농경지와 목장으로 이용되고 있는 넓은 평야가 있고 조산만(造山灣)·라진만(羅津灣) 등의 만(灣)과 대초도(大草島)를 비롯한 크고 작은 섬들과 북한에서 제일 큰 서번포(西藩浦: 일명 번개늪)·동번포(東藩浦)를 비롯한 자연호수들이 여럿 있다. 섬들 가운데 우암리 앞바다에 있는 알섬(卵島)에는 예전에는 봉수대가 있었고 지금은 등대가 있는 곳이며, 바다새번식보호구로 지정되어 있다.

라선특급시는 북한의 주요수산기지의 하나로서 라진수산사업소와 선봉수산사업소를 비롯하여 수산부문들의 기업이 여럿 있고 축산업도 발달하였는데 이곳의 낙농제품은 전국적으로 알려져 있다.

라선특급시에는 평라선(平羅線)과 함북선 철도가 있는데 라진역은 두 철도의 마지막 역이고 함북선의 두만강역은 러시아로 연결된다. 그리고 이 철도의 지선들도 여럿 있다. 이곳은 라진항·선봉항·웅상항(雄尙港)을 통한 해상운수도 발전한 곳이다.

라선특급시의 굴포리(屈浦里)에서는 구석기시대의 유물이, 부포리에서는 중석기 시대의 유물이 다수 발굴되어 원시시대문화연구의 중요한 자료가 되고 있다. 그리고 이곳에는 이순신 장군을 기념하는 승전대비(勝戰臺碑)가 있다. 이순신 장군이 1586년 이곳의 조산만호(造山萬戶)겸 녹둔도(鹿屯島) 둔전관(屯田官)으로 있을 때 여진족의 침입을 물리친 것을 기념하여 1762년에 세운 비인데, 북에서는 이 비를 국가지정문화재보존급

라선특급시의 한 마을

제1480호로 지정하여 보호하고 있다.(그 다음 해에는 여진족의 침입으로 많은 피해가 발생하여 이순신 장군이 책임을 지고 해임되었다가 복직된 일이 있었다.)

장로교와 함께 성결교회와 침례교회들도 많았던 곳

현재의 라선특급시 지역에 예전에 있었던 교회들을 찾아본다.

예전의 라진에는 라진교회(羅津敎會: 록정 소재)·라진제일교회(羅津第一敎會 1933년 설립: 금동 소재)·라진제이교회(羅津第二敎會 1938년 설립: 신안동 소재)가 있었다.

라진제일교회는 김무생(金武生) 목사 등이 섬겼다. 김무생 목사는 경북 경산군 출생으로 평양 숭실전문 문과와 동경의 니혼대학 법과에서 공부했다. 3·1운동 당시 평양과 대구의 만세 시위에 적극 가담하였다가 옥고를 겪었으며 1933년 평양장로회신학교를 졸업하고(22회) 평양의 토마스기념교회에서 시무하다가 1939년 1월부터 라진제일교회를 섬긴 분이다.

라진제일교회
1933년 10월 7일에 설립되었으며, 1934년 새 성전을 건축하였다. 1938년에는 라진제이교회를 분립하였다. 김무생 목사가 섬겼고, 장교현, 최남칠 장로가 있었다.

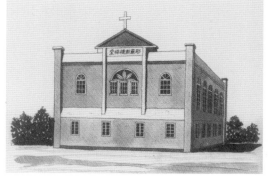

라진제이교회는 김천희(金天熙) 전도사 등이 섬겼다.

예전의 라진은 현재 라선특급시의 동북부지역이다.

예전의 라진시에는 나석동에 나석동교회(羅石洞敎會), 낙산동에 낙산교회(洛山敎會)가 있었으나 이 교회들이 있던 지역은 1993년에 청진시의 청암구역이 되었다.

예전의 부령군 관해면에는 신광산교회(新鑛山敎會: 신광산 소재) · 승강욕교회(承江浴敎會: 신흥동 승강욕 소재) · 장산동교회(長山洞敎會 1937년 설립: 장산동 소재)가 있었다. 장산동교회는 윤필선(尹弼善) 목사, 전순봉(全淳奉) 전도사 등이 섬겼다.

예전의 부령군 관해면 지역은 현재 라선특급시의 서남부 지역이다.

예전의 경흥군 웅기읍에는 웅상교회(雄尙敎會 1909년 설립: 웅상역전 소재) · 웅기교회(雄基敎會 1914년 설립: 웅기항 소재) · 백학동교회(白鶴洞敎會: 웅기역전 소재) · 철포교회(鐵浦敎會: 웅상동 소재) · 대진교회(大津敎會 1932년 설립: 웅상동 소재)가 있었다.

웅상교회는 정기현(鄭耆鉉) 동사목사와 베시(F. G. Vesey 芮詩) 선교사 · 이재면(李載冕) 목사 등이 섬겼다. 웅상교회를 담임했었던 베시 선교사는 재미있는 경력을 가진 분이다.

[베시 선교사]	1908년, 캐나다 장로교 선교사로 내한하여 대영성서공회 부총무로 성서사업을 주관하였다. 그 뒤에 성공회 선교사가 되어 서울에서 일했고 그 뒤에는 남감리회 선교사가 되어 강원도 지역에서 일했다.
	1920년에 다시 캐나다 장로교 선교사가 되어 함흥을 중심으로 일했다. 이 때 웅상교회를 담임했는데 캐나다에 연합교회가 결성되어 한국에서 일하는 캐나다 장로교 선교사들 가운데 여러 명이 연합교회로 적을 바꾸자, 베시 선교사는 아예 캐나다 장로교 선교사직을 사임하고 1926년 귀국했다.

대진교회는 고성국(高成國) 전도사 등이 섬겼다.

예전의 경흥군 웅기읍은 현재 라선특급시의 동북부지역으로 경흥군과 경계를 이루고 있다.

예전의 경흥군 노서면에는 노구산교회(蘆邱山敎會: 대암동 소재) · 굴포교회(屈浦敎會: 굴포동 소재)·서포항교회(西浦項敎會 1911년 설립: 서포항리 소재)·토리동교회(土里洞敎會: 토리동 소재)·서수라교회(西水羅敎會 1921년 설립: 서수라동 소재)·대암동교회(臺岩洞敎會 1936년 설립)가 있었다.

서포항교회는 동아기독교인(침례교인) 이자운(李子雲)의 전도로 시작되었다. 신자가 점점 늘어남에 따라 6칸짜리 초가집인 예배당을 건축하고 장로교회로 설립되었다. 이 교회에서 동평덕교회(東平德敎會)를 세웠다. 김반석(金盤石) 전도사가 서포항교회를 섬겼는데 김반석 전도사는 서수라교회도 함께 섬겼다. 대암동교회는 최문성(崔文成) 전도사 등이 섬겼다.

예전의 경흥군 노서면은 선봉군에 속했던 지역으로, 라선특급시의 동북쪽으로 일부는 두만강과 연접해 있고 굴포교회·토리동교회·서포항교회 등이 있었던 지역은 동해의 연안지역이다.

예전의 경흥군 경흥면에는 고성동교회(古城洞敎會 1916년 설립: 고성동 소재)가 있었다. 고성동교회는 고성국(高成國) 전도사 등이 섬겼다.

현재의 라선특급시 지역에는 예전에 웅기성결교회(웅기읍 소재)·조산성결교회(경흥군 노서면 조산동 소재)·굴포성결교회(경흥군 노서면 굴포동 소재)와 웅기침례교회·라진침례교회·사회침례교회·홍의동 침례교회도 있었다.

현재의 라선특급시 지역에 있었던 장로교회들은 함북노회에 속해 있었다.

웅기교회
1914년 11월 22일 설립되었으며, 1922년 3,000원의 공사비를 들여 새 성전을 건축하였다. 목회자로는 채필근, 맥도날드, 김관식, 베시, 이성국, 차광석, 조승제, 여러 목사가 수고했다.

우리의 기도

• 한국의 대북협력 기독교 NGO들의 활동이 라선특급시에서 다시 활발해지게 하여 주옵소서. 한국기업들의 진출도 활발해지게 하여 주옵소서.

• 외부와 접촉이 많은 이곳에 여러 채널로 복음이 유입되게 하여 주옵소서.

• 한반도의 동쪽 끝인 이곳에서 복음의 빛이 북한 전역에 환하게 비취게 하여 주옵소서.

[중국 동북지역]

심양시 · 단동시 · 집안시 · 장백조선족자치현 · 연변조선족자치주

압록강 서단에서 두만강 동단까지의 조중변경 지역을 탐사하며 북한의 각 시와 군들이 어떤 곳인지, 과거 그곳에는 어떤 교회들이 있었는지 알아보면서 기도하는 일은 현실적으로는 북한 쪽에서는 불가능하고 중국에서 압록강과 두만강 너머를 바라보며 그렇게 할 수 있을 뿐이다.

중국의 심양으로 들어가서 단동으로 내려와 신의주와 의주를 바라보고, 관전현(寬甸縣)을 거쳐 집안시(集安市)에 이르러 만포를 바라보고, 통화시(通化市)와 백산시(白山市)를 거쳐 림강시(臨江市)에서 중강군을 바라보고, 압록강을 거슬러 올라가면서 김형직군 · 김정숙군 · 삼수군을 바라보고(이 도로는 최근에 크게 개선되어 다니기가 편해졌다.) 장백조선족자치현(長白朝鮮族自治縣)에서 혜산시를 바라보고 백두산에 올랐다가 연변조선족자치주의 연길(延吉)과 룡정(龍井)을 둘러보고, 두만강을 끼고 올라가면서 대홍단군의 일부, 무산 · 회령 · 온성 · 경원 · 경흥 · 라선특급시를 바라보고, 방천(防川)에 이르러 북한 · 중국 · 러시아가 삼각으로 만나는 지점을 바라보는 것으로 끝을 맺는 것이 조중변경 탐사의 일반적인 코스이다.

여기에서는 조중변경 지역 탐사의 발길이 실제로 거쳐 가는 곳인 중국 쪽의 각 지역을 사진들과 함께 그곳의 기독교 역사를 중심으로 간단하게 살펴보려고 한다.

··01 │ 심양시(沈陽市)
존 로스 선교사의 사역지, 최초의 한글성서가 발간된 곳

요령성(遼寧省)의 성도(省都)인 심양은 중국 동북지방 정치·경제·문화·교통의 중심지이고 최대의 종합공업도시이다.

심양은 옛 이름이 봉천(奉天)이며 만주족이 세운 청나라의 수도였고, 동북아 현대사의 격랑을 겪은 곳이기도 하다. 심양은 또 일제 강점기에 우리 동포들이 많이 거주하던 곳으로, 이곳의 서탑(西塔)거리는 예나 지금이나 '코리아타운' 으로 알려져 있다.

봉천노회, 서탑교회, 동관교회

심양은 장로교 봉천노회의 중심지였다. 봉천노회는 1935년 10월에 의산노회(義山老會)에서 분립했는데, 심양의 서탑교회에서 창립되었으며, 동으로는 무순, 서로는 북경과 천진(이곳의 교회들을 중심으로 1941년에 화북노회가 설립되었다), 남으로는 봉황성 북부, 북으로는 치치하얼(齊齊哈爾)에 이르는 넓은 지역의 교회들을 관할하였다.

1941년 당시 봉천노회에는 59개의 교회가 있었는데 그 가운데 대표적인 교회는 서탑교회이다.

서탑교회는 1913년에 의주의 여전도회에서 피송한 김덕선(金德善) 목사가 중심이 되어 20여 명의 교인들이 모여 예배를 드림으로 설립되었는데, 1929년에 예배당을 신축하였다. 교회 안에 성경학원과 보육학원, 영광잡지사, 유치원이 있었고, 중국 동북지역에서 사역할 교역자들을 배출하기 위해 설립된 만주신학원도 서탑교회가 주축이 되어 운영하였으며, 중국 대륙 동북지역 교회들의 연합행사가 서탑교회에서 많이 개최되었다.

중국이 공산화되자 서탑교회는 많은 어려움을 겪었다. 1966년에는 예

서탑교회
1929년에 건축된 예배당으로 중국이 공산화되면서 무도장으로 사용되는 어려움을 겪기도 했다.

1993년에 신축된 6층 규모의 새 예배당

배가 중단되고 예배당은 무도장(舞蹈場)으로 사용되었다. 서탑교회의 오래된 교인 한 분의 증언에 따르면, 사람들이 춤을 출 때 지진이 난 것처럼 교회가 흔들리는 일이 있어서 그 뒤에는 더 이상 춤을 추는 사람이 없었다고 한다.

중국의 개방정책에 따라 1979년 12월부터 예배를 다시 드리게 되었는데, 1956년에 이 교회에 전도사로 부임하였고, 문화대혁명 기간에는 공장에서 노동을 하던 오애은(吳愛恩) 목사가 예배를 인도하였고, 1980년에 공식으로 다시 문을 열었다.

서탑교회는 1993년에 6층 규모의 새 예배당을 신축하였는데, 이때 1929년에 지은 예배당을 그대로 보존하여 일부는 세를 주고, 일부는 기도실로 사용하고 있다.

서탑교회는 중국 동북지역을 방문한 여행팀들이 거의 빠지지 않고 방문하는 곳이 되었다.

동관교회 외관(상)과, 내부(하)
중국 대륙 동북지역의 모교회이며, 제일 큰 교회인 동관교회는 스코틀랜드 선교사 존 로스 목사에 의해 1876년 설립되었다. 우리나라 최초의 한글성서가 바로 이곳 동관교회에서 번역되었다. 전면에 "임마누엘"과 "주 예수 부활하셨네"라는 글이 붙어 있다.

서탑교회가 있는 서탑거리에는 남한사람들이 운영하는 업소의 간판들과 북한에서 운영하는 간판들이 나란히 붙어 있는 것을 볼 수 있어서 깊은 인상을 주면서, '통일이 된다면 바로 이런 모습이 아닐까' 하는 생각을 갖게 한다.

서탑교회가 크리스천 재중동포들의 중심이 되는 교회라면, 역시 심양에 있는 동관교회(東關教會)는 중국 대륙 동북지역의 모교회(母教會)이며 제일 큰 교회이다.

동관교회는 스코틀랜드 선교사 존 로스 목사에 의해 1876년에 설립되었다. 처음에는 한 작은 집에서 출발하였는데, 1887년에 예배당을 건축하였고(낙성식은 1889년에 함), 1907년에는 서양식 청벽돌예배당을 지었다. 그리고 1997년에는 새 예배당을 건축하였다.

예배당이 이와 같이 여러 차례 건축된 것은 동관교회가 계속 성장하고 확장되었다는 것을 의미한다.

동관교회를 설립한 존 로스(John Ross 한자명 羅約翰) 선교사는 한국

기독교의 역사에 큰 영향을 미친 분이다. 우리나라 최초의 한글 성서인 로스역이 바로 이 동관교회에서 번역되었다.

조선 복음화의 문을 연 로스 선교사

존 로스 선교사

로스 선교사는 중국 동북지역의 개신교를 개척한 분이면서 동시에 조선 복음화의 문을 연 분이다. 로스 선교사는 1842년 8월 9일, 스코틀랜드의 닉이라는 작은 마을에서 태어났다. 그는 에딘버러에 있는 신학교에서 신학을 공부하고, 1872년 2월 27일, 연합장로교회 선교부에서 중국 선교사로 임명받아 1872년 8월 23일에 중국 상해에 도착했다.

로스 선교사는 1863년부터 스코틀랜드 성서공회 대표로 중국에 와 있던 알렉산더 윌리암슨(A. Williamson)의 지도하에 산동반도의 연대(烟臺)성서공회의 연대 지부를 운영했다.

윌리암슨은 로스에게 우장(牛莊)에서 조선인을 위한 선교를 탐색할 것을 부탁했다. 로스는 윌리암슨의 요청에 따라 임지를 옮기고, 다음 해 봄이 오기 전까지 중국어로 사서삼경을 공부하고, 이른 봄부터 중국어로 설교를 시작했다.

로스 선교사는 모험심과 인내심, 외국 문물에 대한 정확한 식견을 가진 선교사로 알려져 있다. 그와 수십 년간 같이 일했던 제임스 웹터스(J. Webster) 목사는 "나는 무례한 군중들에 대한 그의 놀라운 인내와 끊임없는 예의와 재치를 보았다. 여러 주간 매일 같이 있었으나 아무리 어려운 경우를 당해도 그가 자제력을 잃는 것을 보지 못하였다."는 증언을 남겼다.

심양에서 대련으로 가는 쪽에 있는 우장에 도착한 로스 선교사는 1874년 10월 9일, 제1차 전도여행을 떠났다. 심양을 출발하여, 걸어서 보름 정도 걸리는 거리인 압록강 상류의 림강(臨江: 우리나라 중강군 건너편)에 도착하였다. 로스 선교사는 림강에 도착하여 조선의 복음화를 위해 기도했다는 기록이 남아 있다.

림강을 떠난 로스 선교사는 고구려의 두 번째 수도였던 집안(集安)을 거쳐 돌아오는 길에 청나라와 조선의 국경마을인 고려문(高麗門)을 방문하였다. 고려문에 도착한 로스 선교사는 한문 성경을 나눠주며 복음을 전하였다.

로스 선교사가 복음을 전하던 중 고려문에서 흰옷에 갓을 쓴 조선인을 만났다. 이 조선인은 백홍준(白鴻俊)의 아버지였는데 로스 선교사는 그에게 한문 신약전서와 「정도계명」(正道戒命)을 전해 주었다. 로스 선교사가 스코틀랜드 장로교에 보낸 보고서에는, 조선인의 두루마기는 천사의 날개 같고, 그들이 쓴 말총으로 만든 모자는 실크 모자보다도 더 아름다운 것으로 묘사되어 있다고 한다.

우장장로교회
로스 선교사를 만난 조선의 청년들이 우장에 머물며 세례를 받은 곳이다. 1879년 김진기(1월), 백홍준(4월), 이응찬(7월)은 의주에서 영구로 와서 술과 아편을 끊은 후 새 사람이 된 것을 고백하고 세례를 받았고, 이성하는 그 해 12월에 세례를 받았다.

출처: 한글성경 전래의 길

로스 선교사는 1875년부터 매킨타이어(John MacIntyre) 선교사와 동역을 하게 되었고, 또 처남매부 간이 되었다. 당시 대원군의 쇄국정책(鎖國政策)으로 인하여 조선에 입국하는 것이 불가능하므로, 그들은 우선 조선과 가까운 만주의 우장진(牛莊津)과 심양을 선교지로 택했다. 당시 심양과 우장진은 조선인들의 왕래가 많은 곳이었다.

로스 선교사는 다시 1876년 4월과 5월 초에 두 번째로 고려문을 방문하였는데 여기에서 네 명의 조선 청년들을 만나게 되었다. 그들에게 한문으로 된 성경을 팔면서 전도를 해보았지만 관심을 끌지 못했다. 그는 '조선어로 된 성경이 필요하구나!' 고 생각하게 되었다.

그러던 어느 날 평소 알고 지내던 중국인이 다 죽게 된 조선인을 데리고 찾아왔다. 압록강을 배로 건너다니며 장사를 하던 이응찬(李應贊)이란 청년이었다. 이응찬은 큰 풍랑을 만나 표류하다 극적으로 살아난 것이다.

조선 사람들에게 복음을 전하기 위해서는 조선말로 된 성경이 필요하다고 느낀 로스 선교사는 이응찬을 눈여겨 보게 되었다. 이응찬은 의주 출신으로 한약 장사였는데 풍랑을 만나 모든 물건을 잃어버린 상태였다.

로스 선교사는 이응찬과 한 주일을 지내며 조선말 선생이 되어 달라고 부탁했고, 이응찬은 이 부탁을 받아들였다. 이후 이응찬은 고향 친구들인 백홍준, 이성하(李成夏), 김진기(金鎭基)를 소개했고, 로스 선교사가 이들을 모두 받아들여 한글 성경번역의 대 역사가 시작되었다.

이들은 성경을 한글로 번역하기 위해 한문 성경을 수차례 정독하였다.

동관교회 안에 있는 한글성경 번역 유적지 안내판과 그 내부(오른쪽)
조선 청년 백홍준·이응찬·이성하·김진기와 뒤늦게 참여한 서상륜이 로스 선교사가 하나되어 최초의 한글성경을 번역한 역사적인 장소이다.

한문 성경을 계속해서 읽는 동안 말씀을 통해 역사하신 성령께서 이들의 마음을 움직여 스스로 예수를 믿게 되었다. 로스 선교사를 만난 지 3년이 지난 1879년, 이 네 사람은 매킨타이어 선교사에게 세례를 받게 되었다.

1880년 10월, 존 로스 선교사는 연합장로교에 이렇게 보고했다.

매킨타이어는 조선인 학자 4명에게 세례를 베풀었다. 이들이야말로 내가 분명 확신하는 바는 장차 거두어들인 풍성한 수확의 첫 열매들이다. 아직은 조선이 서방 세계와는 전혀 단절된 나라이긴 하지만 머지않아 고립된 상태가 풀어질 것이며, 천성적으로 조선인들은 중국인들보다 덜 사악하고 종교적 경향이 농후한 민족이므로 그들이 기독교에 일단 접촉하게 되기만 하면 놀라운 속도로 기독교가 퍼져 나가게 될 것으로 기대한다. 나는 6년 전 국경에 가서 한국인을 만나기 전까지는 그들이 중국과는 다른 언어와 문화를 가지고 있다는 사실조차 모르고 있었다. 그 당시엔 자금의 여유도 없어 내게 조선어를 가르칠 선생조차 초빙할 수 없었다. 그러나 그 후로 사태는 많이 변해 작년 4명의 조선인에게 세례를 줄 정도까지 되었다. 이들은 모든 학식 있는 자들이며, 우리 선교본부까지 와서 조선인을 위한 성서 및 기독교 서적 출판을 돕겠다고 기꺼이 나설 인물들이 우리가 원하는 만큼 상당수 확보되어 있는 형편이다.

동관교회 역사 전시관
이 안에 한글성경번역 유적지가 있다.
어떤 의미에서 한국교회의 또 하나의
산실(産室)이라고 할 수 있다.

   네 명의 의주 청년 외에 또 다른 의주 청년 서상륜(徐相崙)을 만남으로
로스 선교사의 성경 번역은 가속도가 붙기 시작했다. 서상륜도 1879년
만주 우장에서 존 로스 선교사에게 세례를 받게 되었고, 1881년 김청송
이 인쇄공으로 들어왔는데, 그도 1883년 세례를 받게 되었다.

   존 로스 선교사의 한글 성경번역이 가능했던 것은 조선 청년 6명의 노
력이 절대적이었다. 이들은 스스로 신앙공동체를 형성하여 정기적으로
예배를 드렸다고 한다. 1880년 매킨타이어 선교사는 조선인 신앙공동체
형성에 대해 이렇게 보고했다.

   최근에 한국인들을 위한 저녁 집회를 조직했다. 그 모임은 우리 번역인
들 가운데 한 사람이 주관하는데 자기네들 방에서 최소한 8명이 모이고
있다. 나도 늘 참석하지만 듣기만 한다. 나는 한국어를 단지 번역 수단으
로만 이용해서 문자로만 알았지, 번역인들과 대화할 땐 중국어를 썼다.
그러나 이처럼 소외되고 있으니 시간이 얼마나 걸리든, 어떤 어려움이
있든 적어도 한국어로 가르치고 설교할 수 있도록 노력할 결심이다. 이
일에 제외되어 있지만 가능한 한 빠른 시일 안에 이런 집회를 내 자신이
인도하게 되기를 바라고 있다. 지난 10월까지 열두 달 동안 교육받은 조
선인은 30명이 넘는다.

초창기의 성경 번역 과정은, 조선인 번역자들이 선교사들과 함께 한문 성경을 읽고 나서 그것을 한글로 번역하면 선교사는 그것을 다시 헬라 원문과 대조하여 될 수 있는 대로 헬라 원문에 가깝게 다듬는 방식이었다.

1878년, 존 로스 선교사와 이응찬, 김진기, 백홍준 공역으로 누가복음 초역이 완료되었는데, 이것을 다시 매킨타이어 선교사가 이들 조선인 번역자들과 함께 원문에 가깝게 재수정을 했다.

성경 번역은 순조롭게 진행되어 1879년 5월, 로스 선교사가 안식년 휴가를 떠날 때 복음서와 사도행전과 로마서 원고를 가지고 갈 수 있었다.

1879년 존 로스 선교사는 본국에서 안식년을 보내면서 서방세계에 조선의 문화, 종교, 지리, 풍습 등을 소개한 조선관련 서적과 조선의 역사에 관한 책을 출판하고 기회가 주어지는 대로 조선인 선교와 한글 성경 번역에 관한 보고서를 발표하면서 조선의 선교의 중요성을 환기시켰다.

그는 안식년 동안 스코틀랜드 성서공회로부터 새로 번역될 한글 성경의 출판에 필요한 비용을 보조받기로 약속을 받아내는 데 성공했다. 스코틀랜드 성서공회가 누가복음과 요한복음 3천 권에 대한 인쇄비와 두 선교사의 번역 비용, 그리고 조선인 번역자들의 급료를 지불하기로 결정한 것이다.

1881년 존 로스 선교사는 안식년을 마치고 우장으로 돌아와 매킨타이어가 수정한 누가복음과 요한복음을 또다시 검토하여 최종 원고를 완성했다.

1881년 존 로스 선교사는 심양에 문광셔원을 설립하고 최초의 기독교 문서인 「예수셩교문답」과 「예수셩교요령」을 출간하였으며, 1882년 한국인 번역자들과 심양 문광서원에서 최초의 한글 성경인 「예수셩교누가복음젼셔」를 3월에, 「예수셩교요안복음젼셔」를 5월에 출간하였다.

1884년에는 「예수셩교셩셔맛복음」과 「예수셩교셩셔말코복음」을 출간함으로 한글 성경번역을 완료하였다.

로스 선교사는 이때를 회고하면서, 누가복음이 출판되기 전, 서울에서 교정이 이루어진 것을 밝혔다. 누가복음 최종 원고가 완성되어 인쇄에 들어가려고 할 즈음 동지사 일행 중의 한 사람이 돌아가는 길에 봉천(심양)에 들렀다. 이때 로스와 맥킨타이어가 그 원고의 교정을 부탁해, 그가 원고를 서울로 가지고 가서 교정을 완료한 후에 다른 동지사 편에 그것을 돌려보냈다고 한다. 이 사실은 동지사 일행에게 알려졌고, 이 일을 계기로 많은 동지사 일행들이 봉천에 있는 교회에 들러서 한글 성서의 출판 상황을 견학하게 되었다고 한다.

한글 성경은, 번역할 때 뛰어난 번역자들과 수차례의 재교정을 통해 '모든 난관을 극복하고' 원문에 충실하면서 순 한글로 인쇄되었다는 사실 때문에 더욱 값진 결실이었다.

로스 선교사는 끝까지 원고를 다듬는 일에 혼신의 노력을 기울였다. 최종 원고가 완성된 뒤 1881년, 영어개역성경이 출판되자, 로스 선교사는 이 성경과 다시 한 구절 한 구절 대조하면서 원고를 손질한 다음, 1882년 3월 24일에 첫 성경 누가복음이 출판되었고, 1887년까지 신약 전권이 완간되었다.

당시 의주 출신인 이응찬, 백홍준, 서상륜 등은 상업에 종사했지만, 학식이 있는 몰락한 양반 가문 출신이어서 한학에 일가견을 갖고 있었고, 한학이 훨씬 더 쉽고 지배적이었음에도 불구하고 한글과 한문을 혼용하지 않고 순 한글로 번역했다는 것은 놀라운 일이었다.

이렇게 해서 역사적으로 최초의 한글 성경이 번역되어 조선을 동방의 예루살렘으로 만드는 기초를 놓은 것이다. 성경 인쇄가 성공적으로 끝나자 존 로스 선교사는 첫 수세자들을 파송했다. 1882년 인쇄공 김청송이 서간도 지역에 파송된 데 이어, 서상륜이 대영성서공회 최초의 한국 권서인 자격으로 서울지역에 파송됐다.

전 생애를 중국 동북지역 선교와 조선의 선교에 바친 존 로스 선교사는 1915년 8월 6일에 하나님의 부르심을 받아, 8월 11일 에딘버러의 뉴웡턴 묘지 공원에 묻혔다. 로스 선교사는 중국에서 부인 스튜어트와 네 자녀를 잃었다.

동관교회에 있는 추모비에는 다음과 같은 추도문이 새겨져 있다.

그 음성이나 모습이 여전히 계시는 듯 해 경의를 표하노라. 하나님께 충성하

존 로스 선교사의 추모비

고 성도들을 사랑하기를 38년간 사방에 교회의 붐을 일으친 관동의 한 분이시여, 교회당을 신설하고 설교하시니 그 덕행이 받들림을 받도다. 영광을 하나님께 돌리며 만고에 보존하기 위해 돌에 비문에 새기니 길이 길이 남아 있으리라.

한국교회는 로스 선교사의 업적을 재평가 해야 한다. 로스 선교사의 선교방식은 북한 선교를 꿈꾸는 사역자들에게 좋은 귀감이 될 것이다.

대한성서공회는 1995년에 경기도 용인에 숙식을 하며 학술회의와 세미나를 할 수 있는 연수시설을 준공했는데, 로스 선교사를 기념하여 이름을 로스기념관이라고 하고 동관교회의 벽돌 석 장을 가지고 와서 입구의 머릿돌 밑에 박아넣고 로스 선교사의 공적을 설명하는 군과 사진을 벽에 부착하였다.(현장 확인했음)

고려문: 한국의 기독교의 역사가 시작된 곳

고려문은 지금은 '변문'(邊門) 혹은 '일면산'(一面山)이라고 하는데 그곳 주민들 가운데 고려문에 대해 아는 사람은 별로 없다.

130여 년 전, 고려문은 당시 조선의 국경도시로, 조선과 중국의 국경 출입을 위해 한국 관리가 파견된 별정소가 있는 곳이었고, 한국인 3천 호의 가구가 있었던 대단히 큰 마을이었는데 지금은 그리 많지 않은 조선족

● **변문거리**
옛 고려문이 있던 거리로 예전에는 3천 호의 집들이 있었다. 의주에서 48km 떨어진 고려문에서는 봄과 가을에 정기적으로 교역시장이 열려 많은 한국인들이 찾아왔는데 지금은 옛 영광을 뒤로 한 채 거리는 한적하기만 하다.

변문진(邊門鎭) 비석
이 비석은 1995년 5월에 설치되었다. 옛 고려문은 1966년, 문화대혁명시 홍위병들이 파괴했다. 비석 주변의 돌무더기는 고려문을 헐어낸 것으로 보인다. 변문진 북쪽에는 고려마을이라는 이름을 갖고 있는 부락이 있다.(왼쪽)

비석 출처: 중국연변여행길라잡이

이 살고 있는 것으로 파악되고 있다.

이곳은 공식적으로 조선과 중국의 상인들이 만나 무역을 하던 곳이어서 중국의 선진 문물을 비롯하여 서양의 문물을 만날 수 있는 유일한 통로이기도 했다. 또한 고려문은 조선에 기독교가 전래되는 통로 역할을 한 곳이다. 스코틀랜드 장로교에서 중국선교사로 파송받은 윌리암슨(A. Williamson 韋廉臣)목사가 1867년 10월, 고려문에서 한국사람들을 여럿 만나 한문성서와 전도지를 주면서 전도를 했는데 윌리암슨 목사는고려문 전도를 통해 불원간에 한국이 기독교국이 될 것이라는 소망을 품고 돌아갔다고 한다.

1874년부터는 로스 선교사가 고려문을 방문하여 한문 성경을 나눠주면서 조선 사람들을 만났는데, 두 번째 선교여행에서 한국교회의 새로운 역사를 열어갔던 이응찬, 백홍준, 이성하, 김진기 등 의주청년 4명을 만나 한글 성경 번역의 역사가 시작되었다. 이들을 통해 대원군의 쇄국정책으로 복음의 통로가 막혀 있던 시기에 조선을 복음화하는 데 있어서 중요한 통로 역할을 한 곳이 바로 이곳 고려문이다.

예수님께서 사역을 시작하시면서 갈릴리 바닷가에서 어부이던 베드로와 형제 안드레, 세배대의 아들 야고보와 그의 형제 요한을 만났는데 로스 선교사는 조선 복음화를 위해 조선의 젊은 청년 상인들을 고려문에서 만났다. 고려문은 이처럼 한국 기독교의 역사가 시작된, 매우 중요한 곳이다.

··02 | 단동시
압록강 서단에서 두만강 동단까지 탐사의 출발점

북한을 바라보며 기도하면서 압록강 서단에서 두만강 동단까지 3,380리를 가는 여행의 실질적인 출발지는 중국 요령성(遼寧省)의 단동시(丹東市)인데, 단동은 북한과 중국의 교역 물동량의 70% 이상이 오가는 중요한 국경도시이다.

단동의 원래 이름은 '동쪽의 평안을 기원한다.'는 뜻을 가진 안동(安東)이었다. 고구려가 멸망하자 당은 안동도호부를 설치하여 고구려 영토를 다스리려 하였는데 안동이라는 이름은 여기에서 유래된 것으로 보고

있다.

1965년에 이름이 단동으로 바뀌었는데 단동은 '동방의 붉은 색이 있는 도시' 라는 의미로서, 사회주의적 색채를 지니고 있다.

단동은 예나 지금이나 중국의 중요한 국경도시로서 우리와 관계가 깊은 곳이다. 일제강점기에 동포들의 왕래가 많았고 이 지역에 사는 사람들도 많았다. 따라서 교회도 여럿 있었다. 현재의 단동, 당시 안동에 1938년에 있었던 교회들과 그 주소는 다음과 같다.

안동제일교회(安東第一敎會)　안동시 6번통(番通) 3정목(丁目) 1
중앙교회(中央敎會)　　　　 안동시 북2조통(北二條通) 5정목 13번지
육도구교회(六道構敎會)　　 안동시 육도구 제2구 제23호
마자구교회(馬子構敎會)　　 안동현 전양촌(前陽村) 마자구
안민교회(安民敎會)　　　　 안동현 안민촌
삼도진교회(三道鎭敎會)　　 안동시 삼도진가
봉황성교회(鳳凰城敎會)　　 안봉선(安奉線) 봉황성 역전

안동제일교회는 1914년 안동시 대화구에 설립되었는데 처음 이름은 안동현교회였다. 김병농(金炳穠)·양준식(梁俊湜)·권연호(權連鎬) 목사

날로 발전하는 단동시
옛 이름은 안동(安東)이었으나, 1965년 단동으로 개명하였으며, 압록강 하구부의 신의주 대안에 자리하여 신의주와는 철교로 연결된다. 원래 작은 마을이었으나 1907년 개항장이 되었고, 3년 후 일본의 대륙진출 문호로서 발전하였다. 단동시는 날로 발전하여 오늘날에는 고층건물이 즐비한 초현대식 도시가 되었다. 중심부의 인구는 2006년 기준으로 643,176명이다.

가 안동제일교회를 담임했었다.

이 교회에서 1931년에 안동중앙교회(安東中央敎會)가 분립해 나갔다. 안동중앙교회는 육도구(六道溝) 공장지대에 있는 일본인의 염색공장에서 시작되었는데, 김세진(金世鎭) 목사가 1933년부터 계속해서 이 교회를 담임했다.

김세진 목사는 1972년에 발간한 수상집 「꺼져가는 등불처럼」에, 평양신학교 재학 시절에 신의주제일교회 윤하영(尹河英) 목사의 권유로 안동중앙교회에서 처녀 목회를 시작했고, 부임하자마자 공장 주인이 공장을 비워달라고 하여, 기도하는 가운데 만철(滿鐵) 소유의 땅 200평을 불하받아 힘써 교회를 지은 일 등 안동중앙교회 목회시절의 이야기를 담담하게 적었다.

김세진 목사는 예배당 건축을 위해 부흥사경회를 열었는데 강사로는 당시 동대문감리교회를 담임하고 있던 30대의 젊은 조신일(趙信一) 목사를 초청해 큰 은혜를 받았다고 한다.

이상의 교회들은 1938년 장로교주소록에 의한 것인데 그 밖의 기록에는 안동제이교회(安東第二敎會 1933년 설립)와 1937년에 안동제일교회에서 안동시 양두구에 세운 안동제삼교회(安東第三敎會)의 이름이 나온다. 안동제삼교회에서는 문성희(文成禧) 전도사가 담임교역자로 시무했다.

이 교회들은 1939년까지는 의산노회(義山老會)에 속해 있었다. 장로교는 1941년 제30회 총회에서 안동노회(安東老會)를 분립시켰다. 안동노회에는 여섯 분의 목사가 있었는데 안동노회는 얼마 있지 않아 만주기독교총회에 흡수되었다.

단동에서 집안까지

단동에서 압록강을 따라 30분쯤 달리면 호산장성(虎山長城)이 있고, 그 앞에는 가로로 '조중변경'(朝中邊境)이라고 조그맣게, 세로로 '일보과'(一步跨)라고 크게 새겨놓은 자연석 비석이 서 있다. '과'(跨)는 '타 넘을 과' 자로, '일보과'는 '한걸음만 넘어가면 북한국경인 곳'이라는 뜻이다. 그 옆에 '지척'(咫尺)이라고 새긴 자연석이 있는데 지척은 '매우 가깝다' 는 뜻이다. 그 자연석 앞에 압록강이 흐르고 있고, 어적도(於赤島)가 있는데 거기까지 거리가 한걸음은 아니지만, 10m가 채 못되어 보인다.

일보과 주차장 부근에는 유람선 안내판이 있는데 '乘景區旅遊木船 觀中朝兩岸風光'(경치 좋은 지역을 돌아보는 목선을 타고 중국과 조선 양쪽 강변의 풍광을 봅시다)라고 쓰여 있다.

일보과 앞에 서면, '한걸음만 더 내디디면 같은 핏줄을 이어 받았고, 같은 말을 사용하고 있는 동포들이 살고 있는 곳인데 왜 갈 수 없고, 만날 수 없고, 이렇게 남의 땅에 와서 바라보기만 해야 하는가?' 하는 생각에 비감해진다.

호산장성은 원래 고구려의 박작성(泊灼城)이었는데 중국이 이를 만리장성과 같은 형태로 개축하고 '만리장성의 동쪽 끝은 호산장성이다.' 라고 우기고 있는, 동북공정의 현장이기도 하다.

호산장성에 오르면 통군정을 비롯하여 의주 일대의 산과 들이 한눈에 들어온다. 호산장성에서 내려와 수풍댐을 보러 가는 배를 타는 단동하구도가구(丹東河口度假區)로 향하는 길에는('도가구'(度假區)의 '가'(假)는 '거짓'이라는 뜻을 가진 말로 여기에는 어울리지 않고, 한가하다는 뜻을 가진 '暇'자가 들어가야 어울리는데, 현지에서는 '假'를 쓰고 있다.) 여름에는 옥수수가 무성하게 자라고 있는 것을 볼 수 있다.

눈을 들어 압록강 건너 북한을 바라보면 그곳에도 옥수수가 자라고 있는데 중국쪽에 비하면 너무나 빈약한 모습을 하고 있어서 '같은 땅인데 강 하나를 사이에 두고 왜 이런 차이가 나는가?' 질문하며 탄식하지 않을 수 없게 된다.

복숭아밭이 많아서 복숭아꽃이 필 때는 소풍 온 사람들로 넘

● **호산장성 입구**
호산장성은 원래 고구려의 박작성(泊灼城)이었는데 중국이 이를 만리장성과 같은 형태로 개축하고 '만리장성의 동쪽 끝은 호산장성이다.' 라고 우기고 있는 동북공정의 현장이기도 하다.

태평만댐
평안북도 삭주군 청성로동자구에 있는 댐으로 물길이 수풍댐까지 미치고 있어 거대한 바다처럼 보인다.

친다는 태평만(太平灣)을 지나 하구에서 배에 오르면, 선장은 남한에서 온 선객들에게 서비스를 하려는 것인지, 북한땅 가까이로 배를 몰고 가서, 삭주군을 바라보면서 압록강을 거슬러 올라간다. 오른쪽으로 수영을 하거나 고기를 잡고 있는 북한주민들과 초소에서 배를 바라보는 군인들을 볼 수 있고, 강 건너편 언덕길에는 어디론가 부지런히 걷고 있는 주민들, 자전거를 타고 가는 주민들을 볼 수 있다.

강가에 있는 공장들은 모두 퇴락할 대로 퇴락해서 북의 피폐한 경제현실을 그대로 알려주고 있어서 가슴을 아프게 한다. 그곳은 평안북도 삭주군 청수로동자구로서, 수풍댐에서 생산되는 전기를 동력원으로 하고 있는데 제대로 가동되고 있는 공장은 하나도 없는 것으로 보인다.

한 시간 반쯤 지나면 수풍댐의 위용을 대할 수 있는데 이 댐은 1937년에 착공해서 1944년에 완공했는데 당시는 동양 최대의 규모였다고 한다. 북한과 중국은 1960년에 조중압록강수력발전회사를 만들어 수풍수력발

전소에서 생산되고 있는 20만kw의 전기를 나눠 쓰고 있다고 하는데, 댐의 왼쪽에는 아무런 장식도 없는데 비해, 오른쪽에는 민둥산과 다락방을 배경으로 '위대한 김일성 동지 혁명사상 만세'라는 붉은 페인트 글씨의 구호가 붙어 있고 김일성의 대형 초상화가 있어서 '과연 북한답군!' 하는 소리가 나오게 만든다. 어디를 가나 구호를 많이 볼 수 있는 것이 북한의 특징 가운데 하나이다.

조중변경의 중국쪽 첫 도시인 단동에서 고구려의 두 번째 수도였던 집안(集安)을 향해 가는 길에는 관전현(寬甸縣) 만족(滿族)자치지역이 있다.

중국의 55개 소수민족 가운데 하나인 만주족은 주체성이 가장 희박한 민족으로, 고유 언어를 스스로 포기했으며, 아주 가난한 민족으로 알려져 있다. 여러 해 전에 중국 당국이 만주어를 보존하기 위해 국가 예산으로 여러 가지 사업을 하고 있다는 사실이 보도되었다. 중간에 조선족향

● **수풍로동자구**
물이 많은 고장이라 하여 수풍동이라고 하였다. 수풍발전소가 건설되면서 도시로 발전하였고, 전기전문학교를 비롯한 각급 학교들과 교육문화보건기관들이 설치되어 있어 주민생활을 위한 편의 봉사망이 구축되어 있다. 해방 전 이곳에는 수풍교회가 있었다.

(朝鮮族鄕)도 여럿 있는데 그곳에서는 거의 빠짐 없이 한글 간판을 볼 수 있고 거리도 깨끗하고 활기가 넘치는 모습을 보여준다.

혼강(渾江: 沸流水)의 높은 다리를 경계로 요령성이 끝나고 길림성 집안시가 시작된다.

집안시 03

고구려의 두번째 수도, 그리고 이양자교회가 있었던 곳

집안시에 있는 국내성 성벽의 유적

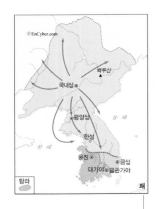

광대토대왕 시대의 영토
출처: 아사이베리슈퍼쥬스

집안시는 고구려의 두 번째 수도인 국내성이었던 곳으로, 중국측 지도(서안지도출판사 2005년간 「東北三省地圖册」)에도 이곳은 '고구려 도성'(高句麗都城)이라고 되어 있다. 이곳의 국강상(國岡上)에는 광개토대왕의 능과 비를 비롯하여 장수왕릉(장군총) 환도산성(丸都山城 처음 이름 尉那巖城) 등 많은 유적들이 있다. 이곳에 있는 고구려 고분군(古墳群)의 고분들은 대부분 벽화를 가지고 있다.

집안시에는 지금 한족이 86.4%, 소수민족이 13.6% 살고 있는데 소수민족 가운데는 조선족들이 제일 많다.

광개토대왕릉(오른쪽)과 비
고구려 제19대 광개토대왕의 정식 시호는 '국강상광개토경평안호대왕'(國岡上光開土境平安好太王)이며, 줄여서 '호태왕'이라고도 한다. 이 비는 장수왕이 414년에 세운 것으로 높이는 6.39m이다. 고구려 건국 신화와 선대의 왕들, 광개토대왕의 정복 활동과 영토관리, 수묘인(守墓人)에 대한 내용이 1,770여 자에 담겨 있다. 이 비에 대해 일본이 만주를 침략하기 위해 비의 내용을 조작, 왜곡했다는 주장도 제기되었다. 중국 대륙 동북지역에 우뚝 솟아 있는 이 비는 조상들의 웅혼한 기상을 말없는 웅변으로 증명해 주고 있다. 광개토대왕릉은 줄여서 '태왕릉'이라고 하는데 광개토대왕비 서남쪽 약 300m 지점에 있으며 부근에서 발견된 벽돌에 '태왕릉이 신악과 같이 안정되고 굳건하기를 원한다'(願太王陵安如山固如)이라는 명문에 근거하여 광개토대왕릉으로 추정하고 있다.

환도산성(丸都山城)
집안시 서북쪽 2.5km 지점에 있는 환도산성은 고구려가 수도를 국내성으로 옮기면서 방어용으로 축조한 산성으로서 삼국사기에는 위나암성(尉那巖城) 또는 위나야성(尉那也城)이라는 이름으로 나온다. 환도산(676m)의 예전 이름이 산성자이어서 산성자 산성이라고도 했다. 중국은 1982년에 환도산성을 '전국중점문물보호단위' 로 공포했다.

고분벽화
지금까지 발견된 고구려벽화 95기 가운데 23기가 집안에 있는데 보존과 관리 상태는 그리 좋아보이지 않았다. 우리의 귀중한 문화유산인데 우리가 소중하게 보존하고 가꿀 수 있다면 얼마나 좋을까?
이 일대의 고구려 유적들은 2004년에 유네스코 세계문화유산으로 지정되었다.

장수왕릉(長壽王陵: 장군총)
'동방의 피라미드'라는 별명을 가지고 있는 이 석릉의 주인공은 장수왕이라는 것이 거의 정설이나 고분의 유품이 모두 도굴당해 정확하게 입증되지는 않고 있다. 고구려 20대 왕인 장수왕(412~491)은 서기 427년 수도를 평양으로 옮기고 적극적으로 남하정책을 추진하며 고구려의 전성기를 이룩했다.

장수왕릉에서 바라본 집안시
집안시의 원래 이름은 집안(輯安)이며 통구(通構)라고도 했는데 1965년에 집안(集安)이 되었으며, 1998년에 시로 승격되었다. '평안함이 모이는 곳'이라는 도시 이름이 성서적인 분위기를 가지고 있다. 인구 30만이 채 안 되는 집안시는 지금 관광도시로 빠르게 변모하고 있다. 매년 많은 고구려 유적 탐사단이 집안을 찾고 있는데 북한을 바라보며 기도하는 일을 잊지 말 것을 당부하고 싶다.

동북 최초의 교회인 이양자교회와 식자공 김청송

집안시는 로스 선교사의 여섯 제자 가운데 한 분인 김청송(金靑松)의 고향이다.

로스 선교사는 조선 청년들의 도움을 받아 성경을 번역하고 1881년, 심양에 문광셔원이란 인쇄소를 설립했다. 그러나 중국인 일꾼들의 도움을 받아 성경을 인쇄하는 데 어려움이 많았다. 한글을 전혀 모르는 중국인 식자공으로는 한글 성경전서를 완간할 수 없어 한국인 식자공을 구하게 되었는데, 그때 등장하게 된 인물이 바로 서간도 한인촌(韓人村) 출신 김청송이다.

김청송은 영신환(靈神丸)이란 약을 팔던 약재상으로, 사업에 실패한 후 로스 선교사를 만나 식자공으로 일하게 된 것이다.

김청송은 너무 둔하고 느려서 무슨 일이나 네 번 이상 가르쳐 주어야 비로소 깨달아 알았고, 손이 너무 느려서 두 인쇄공이 3천 장을 인쇄하는 동안에 겨우 4장밖에 조판을 하지 못할 정도였다고 한다. 그러나 매우 성실한 사람이었고 또한 치밀한 성격을 지닌 사람이었다고 한다. 그 치밀함 때문에 인쇄되어 나오는 복음서를 자세히 읽게 되었고, 그 결과 마침내 스스로 기독교를 받아들이게 되어 로스 선교사에게 세례를 받았다.

김청송은 1882년 3월 첫 번째 한글 성경인 「누가복음」까지만 인쇄를 담당하고 「누가복음」이 출판되자 인쇄(식자)공을 그만두고 출판된 한글 전도지와 누가복음을 들고 고향인 집안의 이양자(裡陽子)로 향하였다. 현재 집안시 유림진(榆林鎭)의 양자촌(陽子村)이 이양자이다.

김청송이 인쇄공을 그만 둘 수 있었던 것은 이름은 알 수 없지만 김청송과 정반대의 인쇄공이 들어왔기 때문이다. 그는 손놀림이 민첩했고, 눈치가 빨랐으며, 말과 사고와 행동이 영특했다고 한다. 김청송은 자신보다 더 잘하는 그에게 식자공직을 맡기고 그는 다른 사역을 시작한 것이다.

그는 몇 백 권의 복음서와, 훨씬 더 많은 전도지를 가지고 심양에서 정동(正東)으로 약 400마일 떨어진 자신의 고향 마을인 집안의 이양자로 갔다. 김청송은 약 보름을 걸어서 찾아간 이양자에서 열심히 성경과 전

집안에 있는 '야소교초립' 비

1997년에 집안에 부임한 장문철 전도사는 이양자교회의 터를 찾다가 한족 노인 한 분으로부터 옛날 조선족들이 살았다는 교당골 이야기를 듣고 여러차례 골짜기를 오르내린 끝에 이 비석을 발견했다. 부근에는 일제 강점기 독립군의 근거지도 있었다고 한다. 근처에 인삼을 재배하는 사람들이 있다. 비석을 어루만지고 돌아가는데 그들이 기르는 경비용 맹견들이 짖는 소리가 요란하게 들렸다. 비석 앞에 선 이 책의 저자 유관지 목사(오른쪽)와 안부섭 대표. 선조들의 뜨거운 신앙에 감동을 받아 표정이 엄숙하다.

교회 역사가인 이덕주(李德周) 목사(감신대 교수)는 2003년 겨울 장문철 전도사(당시)의 안내로 이 비석을 돌아보고 "그걸 보는 순간 감동이 솟구쳐 올라왔다. 비롯 한인촌이나 예배당 건물을 흔적조차 찾아볼 수 있었지만 고향을 떠나 이곳 산골짜기까지 피난 와서 마을을 이룬 후 예수 믿고 예배당을 세우면서 그 사실을 마을 입구에 새겨 훗날 이곳을 찾을 후손들에게 헛걸음을 하지 않도록 배려한 평안도 사람들의 마음 씀씀이에 고개가 숙여졌다. 그래서 그런지 '됴선인'이란 평안도 사투리에 더욱 마음이 끌렸다."고 소감을 적었다.

도지를 팔았고, 반년 만에 돌아와 보고하기를, 그 책들을 다 팔았으며, 깊은 관심을 가진 사람들이 성경과 전도지를 읽었고, 그 중에 몇 사람은 로스 선교사가 세례 주러 오기를 원한다고 했다. 처음에는 로스 선교사가 와서 세례를 달라는 말을 반신반의 해 주목하지 않았지만 그는 더 많은 책을 공급받고 다른 마을로 가 반 년 후 돌아와서는 정확하게 같은 이야기를 반복했다.

김청송은 자기 고향인 집안에 가서 이양자를 비롯하여 집안 일대 28개

골짜기 마을을 돌며 매서인으로 열심히 전도했다. 그 결과 3년 만에 수백 명의 개종자들이 생겨났고 1884년 12월 로스 선교사는 이곳 4개 마을에서 75명에게 세례를 베풀었다. 그 중에는 임오군란(1882년) 때 정치적 이유로 이곳 이양자 골짜기까지 피신해 온 군인 출신 6명도 포함되어 있었다.

열심히 전도한 결과 김청송은 1898년 이양자교회를 설립하였다. 교회 역사가들은 이양자교회를 중국 동북지역에 설립된 최초의 교회로 보고 있다는데 「조선예수교 장로회 사기」는 이양자교회 설립에 대해 "중국 남 만주 이안현(裡安縣) 이양자(裡陽子)교회가 성립하다. 선시(先時)에 이성삼(李聖三) 임득현(林得賢) 등이 동지(同地)에 우거(寓居)하야 열심히 전도함으로 수십인이 상계신주(相繼信主)하야 교회를 수성(遂成)하니라"고 적고 있다.

이양자교회는 1900년 의화단 사건 때 중국인들의 방화로 예배당을 잃고, 교인들이 흩어져 위기에 처했으나, 그 소식을 들은 평안도 선천 선교부 휘트모어(N. C. Wittemore 魏大模) 선교사와 안승원(安承源)이 교인들의 헌금을 들고 찾아가 위로하며 예배당 재건을 도왔다고 한다.

이 예배당은 1945년, 패퇴하는 일본군에 의해 다시 전소된 것으로 전해지고 있다.

김청송은 강 건너 조선의 벽동 지방에도 복음을 전파하여 교회를 세운 것으로 알려져 있다.

식자공으로 시작한 약재상 김청송은 한국교회 최초의 매서인이 되었으며, 중국 땅에 있는 한인들에게 복음을 전하는 역사를 일으켰다.

현재 집안에는 감리교 서울연회의 도움으로 세워진 단결조선족교회가 있는데, 단결교회는 김청송을 기념하기 위해 교육관을 청송기념관으로 명명하고 돌비를 세웠다.

이양자마을

1938년 장로교 주소록을 보면 당시 이곳의 주소는 만주국 통화성 집안현(滿洲國 通化縣 輯安縣)이었는데, 집안현에는 이양자교회 외에도 5개의 교회가 있었다.

　　이 교회들은 산서노회의 관할하에 있었는데, 그 교회들은 외차구교회(외차구 소재)·부유가교회(富楡街敎會: 부유가 소재)·태평구교회(泰平構敎會: 태평구 소재)·대회동교회(大檜洞敎會: 대회동 소재)·황성(皇城)교회(다른 이름 通構敎會: 동문외 소재)이다.

　　집안시에는 흥미 있는 교회 유적이 하나 있다. 양자촌 왼쪽 계곡을 이 지역에서는 교당골[敎堂溝]이라고 불렀는데, 교당골에 '耶蘇敎 初立 1898 묘선人'이라고 새겨진, 최대 높이 2.7m, 최대 둘레 6m의 자연석 비석이 있고 이 바위 부근 산등성이에 옛 교회 터가 있다.

　　단결 교회의 장문철 목사가 앞의 비석을 발견했다. 이 비석은 이양자교회 설립을 기념해서 세운 것으로 보인다.

● 집안시 단결교회(오른쪽)와 김청송기념관(왼쪽)

장백조선족자치현

백두산의 입구

04

백두산 입구

림강시를 떠나 압록강의 북쪽 연안도로를 이용하여 동쪽으로 달리면 건너편의 북한에서는 량강도(兩江道)가 시작된다. 압록강 중국쪽 연안도로는 최근에 포장되었는데 지금도 일부 구간에서는 도로를 확포장하는 공사를 하고 있다. 전에는 길이 험하고 검문이 심해 이 길을 이용하는 사람들이 별로 없었고, 교통요지인 통화를 거쳐 백두산을 가려는 분들은 백산시에서 장백쪽으로 이어지는 길을 많이 이용했다.

발해시대에 쌓은 영광탑
장백현 시내 뒤 탑산에 발해시대
(698~926년)에 건립된 5층 탑으로
높이 13m이다. 이 탑은 발해 시기와
문화와 건축물을 연구하는 데 중요한
역사적 가치를 갖고 있다.

장백에서는 강 건너, 량강도의 도 인
민정부 소재지인 혜산시 주민들이
강가에 나와 빨래도 하고 산책도 하
는 모습을 볼 수 있었다. 이른 아침
조용한 시간에 강가에 나오면 주민
들의 대화가 강 건너까지 들리는 일
도 있다고 한다.

이 길 건너편은 한반도의 지붕이라는 이름을 가지고 있는 개마고원이
다. 이 길을 달리며 압록강 너머로 량강도의 김형직군 · 김정숙군 · 삼수
군 · 혜산시 · 보천군 · 삼지연군을 볼 수 있고 두만강 너머로 대홍단군을
볼 수 있다.

김형직군과 김정숙군의 경우는 중심지역인 김형직읍과 김정숙읍이, 건
물 벽의 구호, 건물 이름, 극장 간판의 글씨를 모두 판독할 수 있을 정도
로 너무나 가깝게, 그리고 잘 보인다.

량강도의 마을들은 거리가 깨끗하고 집들이 밝은 색으로 칠해져 있어
서 '아, 량강도가 이른바 혁명성지이기 때문에 그런가 보구나!' 하는 생
각을 갖게 한다. 이 길을 달리면서 밑을 내려다보면 강에 흘러오는 뗏목
들을 많이 볼 수 있다. 상류에서 나무를 베어서 떼를 엮어 하류로 보내는
것인데 길이가 수십 미터 되는 큰 규모의 뗏목이 계속해서 내려오고 있었
다. 목가적인 풍경이라고도 할 수 있겠지만, 북한은 굶주리고 가난한 곳
이라는 선입관이 있고 뗏목에 서너 명씩 타고 있는 동포들의 차림이 남루

해서 웬 일인지 고달픈 느낌을 받는다.

우리가 보통 '장백'이라고 부르는 곳의 정식 이름은 장백조선족자치현(長白朝鮮族自治縣)으로서 중국에 있는 유일한 조선족자치현이다. 중국은 그 지역 소수민족의 분포에 따라 구(區)·주(州)·현(縣)이 순위로 자치지역을 인정하는데 우리 동포들은 연변조선족자치주(延邊朝鮮族自治州)와 장백조선족자치현, 두 자치지역을 가지고 있다.

이곳의 인구는 8만 5천 명 정도인데 조선족은 1만 4천 명이다. 장백조선족자치현은 1958년에 성립되었는데 자치지역에서는 그 소수민족의 언어를 우선시하기 때문에 이곳에서는 한글 간판이나 안내판을 많이 볼 수 있다.

장백에서 중국의 다른 도시들을 가려면 험한 산을 넘어야 하기 때문에 국경만 없다면 북한의 혜산시가 더 가깝고 편리한 생활권이라고 할 수 있는 곳이다.

장백에서는 압록강 지류인 계곡물을 산봉우리로 끌어올려서 다시 낙하시켜 발전하는 작은 양수발전(揚水發電所)들을 여섯 만들어 전력 문제를 해결하고 있다.

장백에서는 강 건너, 량강도의 도인민정부 소재지인 혜산시 주민들이 강가에 나와 빨래도 하고 산책도 하는 모습을 볼 수 있었다. 이른 아침 조용한 시간에 강가에 나오면 주민들의 대화가 강 건너까지 들리는 일도 있다고 한다.

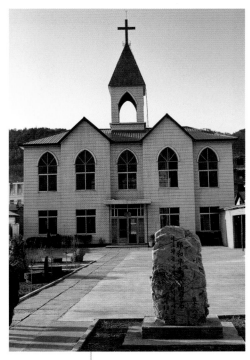

장백 조선족교회

혜산은 밀무역과 뙈기밭 농사로 다른 곳보다는 경제적인 여유가 있는 곳이어서 많은 사람들이 강가에 나와 있었고 또 거리를 오가고 있는 것을 볼 수 있다.

장백은 북한과 접경지역이고 탈북이 많이 행해지는 지역이어서인지 어디인지 모르게 긴장이 감도는 느낌을 받게 된다.

장백에는 1991년에 설립된 조선족교회가 있는데, 이 교회는 무한(武漢)신학교를 졸업한 한충련 목사가 담임

장백에서 바라본 혜산시 ●

하고 있으며 조선족 성인교인 200명, 중국인 성인교회 100명이 출석하고 있다. 이 교회는 인근 수십 개의 조선족 처소와 중국인 처소를 이끌 지도자를 배양하는데 힘쓰고 있으며 섬김과 나눔 활동에도 주력하고 있다.

장백은 북한과 중국의 국경선 철조망을 따라 백두산 남벽을 오르는 코스의 입구이다.

연변조선족자치주 05 ..

우리 민족의 애환이 너무 진하게 스며 있는 곳

두만강의 북쪽 연안(중국 쪽)은 연변조선족자치주(延邊朝鮮族自治州)에 속한 시와 현(縣)들이다. 연변조선족자치주는 길림성 동부에 있으며, 연길(延吉)·도문(圖們)·돈화(敦化)·화룡(和龍)·룡정(龍井)·훈춘(琿春)의 6개 시와 왕청(汪淸)·안도(安圖) 2개 현으로 이루어져 있고, 주 인민정부 소재지는 연길이다. 1980년대에는 연길과 도문 두 곳만 시이고, 나머지는 현이어서 '2시 6현'이라는 말이 귀에 익었는데 이제 거꾸로 '6시 2현'이 된 것에서 중국의 도시화 현상과 이 지역의 발전을 느낄 수 있다.

연변조선족자치주는 1952년 9월 3일에 성립되었는데 처음에는 연변조선족자치구였으나, 1954년에 연변조선조자치주로 이름을 바꾸었다. 중국 건국 초기에는 임시헌법 성격을 가진 공동강령이 있었는데 여기에는 소수민족자치에 대한 규정만 있고, 자치지역의 규모에 따른 명칭은 따로 정하지 않고 모두 '자치구'로 하였다. 1954년에 헌법이 제정되면서 성급(省級)은 '자치구'로, 지구급(地區級)은 '자치주'로, 현(縣級)은 '자치현'으로 한다고 구분되어, 원래 지구급이었던 이곳이 연변조선족자치주가 된 것이다.

해마다 9월 3일이 되면 이곳에서는 자치주 창립을 기념하는 성대한 축하행사들이 벌어진다.

연변조선족자치주에는 11개 민족이 거주하고 있는데 숫자가 제일 많은 민족은 두말할 것 없이 조선족이고, 그 다음에는 한족(漢族), 만주족(滿州

연변조선족자치주의 주 인민정부 소재지인 연길시에 있는 연길교회

연길교회의 시작에 대해 「한국유이민사」는 "평양교인 유기연(柳基淵)이 국자가(局子街: 연길의 옛 이름)에 이주 전도하게 되어 1911년에 예배당이 건축되었으며 목사 박걸(朴傑: 파커 선교사), 김영순(金永淳) 양인이 내순하여 교회의 성립을 보았다. 이후 목사 부두일(富斗一: 푸트 선교사), 김내범, 최덕준, 유지선과 장로 유찬희, 서성권, 박의섭, 유우일, 유흥원의 상계시무(相繼視務)로 동교(同敎)의 발전을 기하였다."라고 적었다.

1934년 교회당을 신축했으며, 서금찬, 계화삼 등 여러 목회자들이 목회하였다. 1950년 이후는 김원배(金元培) 장로가 중심이 되어 가내교회 형태로 교회가 유지되었으며, 1981년 9월 20일 예배당을 도로 찾아[開堂] 활발하게 모이기 시작했다.

1984년 김성하(金成河) 목사가 부임했으며, 지금은 유두봉(柳斗奉) 목사가 담임하고 있다. 예장 통합측의 도움으로 교회를 옮겨 예배당을 신축했다. 2011년에 설립 100주년을 맞이한다.

族), 회족(回族)의 순이다.

1952년 연변조선족자치주가 성립될 때는 전 인구의 62%가 조선족이었다.

그러나 지금 조선족 숫자는 빠른 속도로 줄어들어 2000년 말에는 주 전체 인구 218만 4,502명 가운데 38%인 84만 2,135명으로 줄어들었고, 2005년에는 33%로 줄어들었다. 연변조선족자치주의 조선족 숫자가 줄어드는 것은 한국기업들의 중국 대도시 진출과 중국의 경제발전에 따라 농촌지역의 조선족들이 중국 전역의 대도시로 진출하고 있고 조선족 노동력이 한국으로 많이 이동하고 있기 때문이다.

중국은 소수민족 비율이 최소한 30% 이상일 때 자치주를 설치하도록 규정하고 있어, 현재의 조선족 감소 추세가 계속되면 연변조선족자치주를 해체하고 연길 · 룡정 · 도문을 합하여 연룡도(중국발음 '옌룽투')시를 건설할 계획을 갖고 있다.

이곳은 일제강점기에 이곳으로 이주한 동포들의 애환이 진하게 서려 있고 독립운동의 근거지였다. 그리고 교회들이 많던 곳이었다. 그 교회들은 민족운동과 교육의 핵심에 서 있었고 인재 배출의 산실이었다.

장로교의 경우는 동만노회(東滿老會)가 이곳의 교회들을 관할했는데 1938년 장로교 주소록을 보면 74개의 교회가 연길·화룡·돈화·서란(舒蘭)·오상(五常)·훈춘·영안(寧安)·왕청에 있었고, 감리교의 경우는 11개의 교회가 만주선교연회 동만지방에 속해 있었으며, 성결교회도 용정교회를 중심으로 열 개 안팎의 교회가 있었고, 침례교(당시 이름 동아기독교)도 15개 이상의 교회가 있었다.

예전에 압록강 너머를 서간도라고 했고, 두만강 너머를 북간도라고 했는데 연변조선족자치주는 북간도라고 불리던 지역이다.

연변조선족자치주에 있었던 교회들과 교회가 세운 교육기관들과 기독교민족운동가들의 이야기를 하려면 그것만으로도 한 권 분량의 책이 될 것이다. 또 거기에 대한 서적들도 많이 있어서, 이 책에서는 사진과 사진에 대한 설명으로 대신하고, 연변조선족자치주 안에서 북한을 조망하는 지점들에 대해서만 언급하려고 한다.

숭선진

두만강변에 자리 잡고 있는 중국의 첫 마을이 화룡시 숭선진(和龍市 崇善鎭)이다.

숭선에는 천벌이라는 곳이 있는데 천벌은 '하늘 아래 첫 번째 벌판'이라는 뜻이라고 한다. 숭선에는 원래 우리 동포들이 많이 살았으나 지금은 동포들이 돈을 많이 벌 수 있는 곳으로 옮기기 위해 계속해서 여기에서 빠져 나가고 있다고 한다. 앞에서도 말한 것과 같이 동포들이 계속해서 빠져 나가고 있는 것은 연변지역이 안고 있는 고민 가운데 하나이다.

숭선진의 고성리에서는 북한을 아주 가깝게 바라볼 수 있다. 이곳에는 중국과 북한을 연결하는 다리가 있는데 이 다리는 두만강의 최상류에 있는 다리이며 다리 양쪽에는 두 나라의 해관(세관)이 있다.

이곳을 찾는 여행객들이 최근에는 점점 더 늘어나고 있다고 한다. 강변에는 울타리가 설치되어 있는데 한 곳은 열려 있다. 여행객들이 내려가

대홍단군 삼장로동자구
중국의 숭선에서 바라본 북한측 해관
(세관)과 삼장로동자구. 다리가 건설
되기 전에는 두만강 첫 나루터가 있
었다. 이곳 삼장로동자구에는 삼장교
회가 있었다.

서 두만강물을 만지라고 그렇게 했다는 것이다. 두만강 상류인 이곳은
물이 맑다.

숭선에서 건너다 보이는 북한땅은 량강도 대홍단군(大紅湍郡) 삼장리
(三長里)이다.

두만강을 사이에 두고 양쪽에는 여러 개의 구호가 붙어 있는 것을 볼
수 있는데 중국쪽의 구호들은 '강가에 쓰레기를 함부로 버리지 말자',
'건강하게 임신하고 과학적으로 키우자' 같은 실용적인 것에 비해, 북한
쪽의 경우는 예외 없이 '당의 령도 체계를 철저하게 세우자' '21세기의
태양 김정일 장군 만세' 같은 정치적인 것들이다.

남평진

화룡시 남평진(南坪鎭)은 인구 1만 명의 작은 곳인데 부근에 선경대
(仙境臺)라는 명승지가 있다. 원래는 인구의 75%가 조선족이었으나, 다
른 곳들과 마찬가지로 조선족들이 계속해서 외부로 이주하고 있는 형편
이다.

남평은 고지대여서 두만강을 내려다보게 되는데, 두만강은 강이라기보다는 약간 넓은 개울과 같은 느낌을 준다. 그리고 아주 탁하다. 앞에서 여러 번 말했지만 건너편 북한의 무산군의 철광산에서 제대로 처리하지 않고 흘려보내는 광산폐수가 두만강을 이렇게 만드는 원인 가운데 하나라고 한다.

두만강은 석을수(石乙水), 서두수(西頭水) 등 여러 이름으로 불리다가 이곳부터 두만강이라는 이름으로 흐른다는 기록이 있다.

남평진의 언덕에서는 무산읍이 일목요연하게 내려다 보인다. 무산읍이 내려다보이는 남평진 호곡령 언덕에는 이욱(李旭) 시인의 시비가 서 있다.

두만강과 무산읍이 내려다 보이는 언덕에 서 있는 이욱시비
이욱 시인(1907~1984)은 중국 조선족 문학의 기초를 놓은 분으로 중국 문단에서도 인정하는 역량있는 문인이다. 연변대학 조문과(朝文科) 교수를 지내며 많은 시를 발표했는데 한시에도 능했다.
"할아버지의 마음"이 새겨진 이 시비는 중국 조선족 문인들 가운데 최초로 세워진 시비이다. "칠순 / 할아버지 / 나무를 심으며 / 어린 손자를 보고 / 싱그레 웃는 / 그 마음 / 그 마음", 높은 서정성이 감동을 주는 이 시를 읽으며 우리도 통일을 위한 기도의 나무를 심어야한다는 다짐을 하게 된다. 조선족 동포들은 이욱 시인을 '조선족문화 독립군'이라고 부르고 있다.

룡정(龍井)

일송정 푸른 솔은 늙어늙어 갔어도
한줄기 해란강은 천년두고 흐른다
지난 날 강가에서 말 달리던 선구자
지금은 어느 곳에 거친 꿈이 깊었나

　'선구자'(원제목: 용정의 노래)로 우리에게 잘 알려진 룡정은 일제 강점기 독립운동의 기지였으며, 교육의 도시였다. 그리고 이와 같은 일은 교회를 중심으로 전개되었다. 룡정은 1988년에 시로 승격한 이후 현대적 도시로 급성장하고 있다.

　해방 전 룡정은 동만노회(東滿老會)의 중심지였다. 1938년 당시 동만노회에는 74개의 교회가 있었는데 룡정의 중심가에는 용정중앙교회, 동산교회, 토성보교회가 있었다. 이 교회들의 주소는 만주국 간도성 연길현 용정가였다.

● **비암산(琵岩山)에서 내려다 본 룡정 일대**
서전벌, 해란강, 우리 민족의 항일의 현장이었고 지금은 빠른 속도로 번창하고 있는 룡정시가의 모습이 일목요연하게 눈에 들어온다.
룡정은 '교회의 도시'라고 해도 좋을 만큼 교회들이 많았고 활동이 왕성했다.

룡두레 우물
룡정이라는 지명의 기원이 된 룡두레 우물. 1880년을 전후해서 이곳으로 이주한 동포들에 의해 발견되었고, 이주 동포들의 생활 중심지가 되었다. 지금은 룡정을 찾는 이들이 빼놓지 않고 찾는 관광명소가 되었다. 이 우물 옆에 서면 룡정에 영혼의 생수를 공급하는 교회들이 더 많아지기를 기원하는 마음이 새로워진다.

옛 대성중학교 교사

룡정에는 기독교계 학교인 은진중학과 명신여학교를 비롯하여, 광명, 동흥 등 교육 기관이 많았는데 각 학교는 각기 특색을 가지고 있었다. 그 학교들 가운데 하나인 대성학교(1921년 설립)의 건물 한동이 남아 있어 역사 박물관으로 쓰이고 있다. 왼쪽에 일부가 보이는 흰 건물은 이 학교들이 연합하여 만들어진 룡정중학교이다

옛 대성중학 교사 앞에 있는 윤동주 시비

윤동주 시인은 명동소학교, 대랍자(大拉子)학교에 이어, 가족이 용정으로 이사하자 은진중학에 다녔다.

용정성결교회

용정성결교회는 1923년 성탄절에 충남 논산에서 이주한 성결교인 박기래를 중심으로 설립되었는데 초대 담임자는 이권근 전도사였다. 1931년에 교회당을 건축하였으며, 2000년 7월에 복원되었다. 1965년부터 불어닥친 문화대혁명 가운데에서 이 교회당이 파괴되지 않고 보존되어 복원될 수 있었던 것은 놀라운 일이다. 마당에 '룡정기독교성결례배당 옛터'라는 비석이 서 있고 출입문 위에 聖潔敎會가 종으로, 禮拜堂이 횡으로 한 자씩 음각된 돌이 박혀 있다. 문물보호단위(문화재)와 관광지로 지정되었으며, 룡정조선민속박물관으로 사용되고 있다.

해란강(海蘭江)

두만강의 지류들 가운데 하나이다. '선구자'에 나오는 룡문교(龍門橋)가 해란강을 가로지르고 있는데 이 다리는 1988년 중건되었다.

비암산(琵岩山) 정상

룡정 서쪽 3km에 있는 산으로 여기에 오르면 룡정일대가 환하게 보인다. 이곳에 소나무 한 그루가 우뚝 솟아 있었는데 그 모양이 정자같다 하여 일송정(一松亭)이라는 이름을 갖게 되었다. 이 소나무가 독립정신을 고취하는 역할을 하자 일제는 1938년 고사(枯死)시켰다. 1991년 옛 자리에 소나무를 심고 정자를 신축하였다.

비암산 진달래 시비

이 시를 쓴 조룡남 시인은 중국 동포들이 즐겨 부르는 동요 '반딧불'의 작가이기도 하다. 조룡남 시인은 2009년에 남한의 미래문학사가 주관하는 '제2회 해외 동포문학상'을 수상했다.

삼합진

룡정시(龍井市)에서 두만강 쪽으로 내려오면 오른쪽에 명동촌(明東村)이 있다. 신앙시인 윤동주(尹東柱)가 태어나고 어린 시절을 보낸 곳으로서, 김약연 목사님이 담임하셨던 명동교회와 윤동주의 생가가 복원되어 있고, 최근에는 문익환(文益煥) 목사의 생가가 복원되고 있다.

두만강을 향해 이 길로 조금 더 나가면 삼합진(三合鎭)이 나온다. 이 길에서는 검문이 심한데 탈북자 색출과 함께 이 지역의 특산물로 최근에 새롭게 부각되고 있는 송이의 밀반출을 단속하기 위해서라고 한다.

삼합에서는 북한의 회령시가 마주 보인다. 삼합과 회령을 연결하는 삼합국경교는 길이 300미터의 비교적 긴 다리이다. 삼합진에는 독특한 서체로 망강각(望江閣)이라고 새긴 비석이 있고, 망각루(望閣樓)도 있다. 그리고 삼합해관 뒷산, 북한의 회령시가 잘 보이는 곳에는 취락정(聚樂亭)이라는 정자가 있다. 취락정은 이곳에 와서 북한의 회령땅을 바라보는 사람들을 위해 삼합진인민정부에서 1990년대 초에 지은 것이라고 한다.

삼합진에서 룡정으로 연결된 길에는 우리 조상들의 눈물과 땀이 스며있다. 예전에 농토를 빼앗기고 살길을 찾아, 또 독립운동을 하기 위해 고국을 떠나 간도땅을 찾는 분들은 회령에서 두만강을 건너 게사처에서 지신(智新)으로 이어진 길을 걸었는데 게사처가 바로 오늘의 삼합촌이다. 그래서인지 삼합진에서 회령을 바라보고 돌아설 때는 마음에 깊은 비감이 몰려들곤 한다.

삼합진의 어느 교회 너머로 바라보이는 북한의 마을. 북한에서도 이 십자가는 잘 보이리라.

명동교회(明東敎會)와 그 강대상

룡정 명동촌에 있는 교회. 간도한인사회
의 뛰어난 지도자인 김약연(金躍淵) 목
사에 의해 1909년에 세워졌다. 현재 교
회로 사용되지 않고 명동역사전시관이
되어 있다. 크지 않은 규모의 교회이지
만 수많은 민족지도자들을 길러내고 간
도 한인사회의 핵심이었다는 점을 생각
할 때 마음이 숙연해진다. 윤동주 시인
도 이 교회를 다녔다.(김약연 목사는 윤
동주 시인의 외숙임) 윤동주 시인의 "십
자가"라는 시에 나오는 "쫓아오던 햇빛
인데 / 지금 교회당 꼭대기 / 십자가에
거렸습니다"의 십자가가 저 십자가가
아닐까.

김약연 목사 기념비

명동교회 입구에 있는데 성경 위에 비가 세워져 있다. 1989년 12월, 송용필 목사(당시 극동 방송 부사장)와 유관지 목사(편성국장)가 윤동주 시인의 인척인 윤형주 장로(복음성가 가수)와 함께 룡정을 방문, 윤동주 시인의 묘소 앞에서 윤동주 시인 탄생 72주년 예배를 드리고, 명동촌을 찾았을 때 이 비석은 땅에 누워 있었으며 우측 상단은 떨어져 나가 뒹굴고 있었다. 안내하는 이들은 "문화대혁명 때 이렇게 되었다. 땅에 묻혀 있던 것을 최근에 발견했다."고 했다. 그 뒤에 가 보니 바로 세워지고 비각을 만든 것은 좋았는데, 우측 상단이 없어져 버린 것이 아쉬웠다. 당시는 중국을 방문하기 어려워 서울에서 홍콩, 북경, 심양을 거쳐 현지까지 4일이 걸려 도착했다.

김약연 목사(1868~1942)

아호는 규암(圭巖). '간도의 대통령'이라는 별명이 주어질 정도로 영향력이 크고 존경을 받던 인물이었다. "내 모든 행동이 곧 나의 유언이다"라는 유명한 말을 남겼다.

명동소학교 3학년 1반 칠판(재현)

당시 윤동주와 같은 학급이었던 김정우 장로(작고, 시인)는 "급우가 모두 열두 명이었는데 문집을 만들어 선생님에게 보여드렸더니 선생님이 크게 기뻐하시며 '너희들 가운데 문인이 많이 나올 것이다.' 하였는데 과연 그 가운데 시인이 넷(윤동주 · 송몽규 · 문익환 · 김정우)이나 나왔다. 졸업할 때 선생님이 김동환의 서사시 「국경의 밤」을 주신 것을 읽고 또 읽었다."고 회고하였다.

서전서숙(瑞甸書塾)

을사늑약이 체결되자 중국 동북지역으로 망명한 이상설(李相卨) 선생이 뜻을 같이하는 동지들과 1906년에 세운 민족교육기관. 서숙의 이름은 학교가 위치한 서전벌에서 따왔다. 일제의 간섭과 감시로 1년만에 폐교되었으나 한일민족교육의 씨를 뿌리는 값진 일을 했다.

복원된 윤동주 생가

윤동주는 1917년 겨울 이 집에서 태어나 유년 시절을 보냈다. 남향 기와집인 이 생가는 윤동주 시인의 조부 윤하현이 손수 벌재(伐材)하여 1900년경에 지었다. 1989년 12월에 방문했을 때는 폐허뿐이어서 흙과 기와 조각을 가지고 왔는데, 1994년에 룡정시 문학예술계연합의 노력으로 복원되었다. 생가 왼쪽에 이 생가의 내력을 적은 비석이 서 있다.(사진에는 보이지 않음) 윤동주 시인의 동생 윤일주 교수(작고)는 이 집에 대해 "우리 남매들이 태어난 명동집은 마을에서도 돋보이는 큰 기와집이었다. 마당에는 자두나무들이 있고 지붕 얹은 큰 대문을 나서면 터밭과 타작 마당, 북쪽 울 밖에는 30주 가량의 살구와 자두와 과원, 동쪽 쪽대문을 나가면 우물이 있고 그 옆에 큰 오리나무가 있었다. 그 우물가에서는 저만치 동북쪽 언덕 중턱에 교회당과 고목나무에 올려진 종각이 보였고, 그 건너편 동남쪽에는 이 마을에 어울려 보이지 않도록 커 보이는 학교 건물과 주일학교 건물들이 보였다."고 눈에 보이는 듯이 말하였다.

윤동주 시인(뒷줄 오른쪽)과 친척들
동경 유학시절에 고향에 돌아와서 찍은 마지막 사진.

복원되고 있는 문익환 목사의 생가
문익환 목사 역시 명동촌 출신이다. 조국이 해방되었다는 소식을 들었을 때 문익환 목사는 "동주야, 네가 살았더라면…" 하는 마음에 견딜 수 없이 쓰렸다고 윤동주 시집 「하늘과 바람과 별과 시」 후기에 적었다.

평양숭실중학교 시절
윤동주(뒷줄 오른쪽)**와**
문익환(뒷줄 가운데)**의 모습**
문익환 목사는 "동주형의 추억"이라는 글에서 "그와 나는 콧물 흘리는 어린시절의 6년 동안을 함께 소학교에 다니며 민족주의와 기독교 신앙으로 뼈가 굵어갔다. 그뿐만 아니라 만주에서 평양으로, 거기서 또 만주로 자리를 옮기면서 가장 민감한 10대에 세 중학교를 우리는 함께 편력하였다."라고 적었다.

개산툰진

개산툰진은 삼합진과 더불어 룡정시 안에 있는 두 개의 북한 통상구(通商口)이다. 개산툰은 조선왕조 시절, 김종서 장군이 여진족을 물리치고 우리 영토로 확보한 곳이며 한말과 일제 강점기에는 북간도지방으로 들어오는 유이민(流移民)들의 통로였다.

개산툰진에는 개산툰화학섬유펄프공장이 있다. 세워진 지 70년이 넘는 이 공장은 중국에서 비스코스 섬유나무펄프를 생산하는 유일한 곳인데 한국의 기업도 부분적으로 합작하여 일부 품목을 생산하고 있다. 이 공장은 두만강을 주요 오염원으로 꼽히고 있다. 무산의 철광 때문에 더러워진 두만강물은 개산툰에 와서 더 탁해져서 동해로 흘러들어가고 있는 것이다.

개산툰에는 중국과 북한을 연결하는 철로가 있다. 앞의 온성군편에서 말한 것과 같이 일본에서 억울하게 옥사한 윤동주 시인의 유골은 삼촌의 품에 안겨 현해탄을 건너고 기차를 타고 한반도를 종단하여 회령을 거쳐 개산툰 건너편의 상삼봉역(上三峰驛)을 지나 1932년에 준공된 길이 326m의 개산툰 다리를 건너 그가 청소년 시절을 보낸 룡정으로 돌아왔다. 지금은 기차가 운행되지 않는다.

개산툰에는 위만(僞滿: 만주국) 시절, 황제가 먹던 쌀을 생산하는 어곡전(御穀田)이 있었다.

도문시

도문의 원래 이름은 회막동(灰幕洞)이었는데 예전 간도에 출입하던 우리 조상들이 지도의 입구가 되는 곳이라고 해서 도문이라고 불렀다는 이야기가 있고, 중국에서는 두만강을 도문강(圖們江)이라고 하는데 그 강을 끼고 있는 중요한 도시라는 뜻에서 이런 이름을 갖게 되었다는 이야기도 있다.

도문시 건너편은 함경북도 온성군 남양로동자구인데, 이곳은 남한 주민들의 눈길이 제일 많이 꽂혀 있는 곳이라고 할 수 있다. 중국 동북지역을 방문한 남한주민들이 연길에서 도문에 와서 바라보는 곳이 바로 온성군의 남양로동자구이기 때문이다.

이곳에는 남한의 여행객들이 끊어지는 날이 없다. 중국과 북한을 연결하는 다리의 중국쪽 끝 건물에는 전망대가 있고, 다리의 네 번째 교각 위에는 페인트로 선이 그어져 있는데 그 선이 바로 북한과 중국의 국경선이다. 도문을 방문한 여행객들은 이 선 앞에까지 올 수 있는데 국경임에도 무장하지 않은 중국 병사 하나가 난간에 기대서서(그것도 여행객이 있을 때만) 때로는 무심한 얼굴, 때로는 빙글빙글 웃는 얼굴을 하고 있다.

도문교 못미처 왼쪽에 낮은 야산이 하나 있는데 이 야산 중턱에는 '눈물 젖은 두만강'의 유래를 적은 노래비가 서 있고 그 뒷등성이에서는 남양로동자구가 일목요연하게 바라다 보인다. 앞으로는 이곳이 북한을 조망하는 곳으로 많이 활용되었으면 좋겠다.

이 일대는 탈북자들의 비탄에 젖은 소리가 사무친 곳이다. 이 일대는 중요한 탈북 루트 가운데 하나인데 탈북하다가 물에 빠져 죽은 사람, 총에 맞아 죽은 사람들이 적지 않기 때문이다.

중국에서 체포된 탈북자들은 도문에 있는 수용소에 수용되어 있다가

도문시와 도문교

도문교를 건너 북에 인계된다.

　도문에서 건너다보이는 곳에 사오층 규모의 건물이 하나 서 있다. 북에서 선전용으로 지은 건물이라는 말을 들었는데 이십여 년 전에 처음 왔을 때는 사람 사는 기척이 느껴지지 않았다. 이제는 그 건물뿐이 아니고 여러 건물이 서 있는 것을 볼 수 있고 인기척이 느껴지고 있다. 이것도 변화라면 변화이다.

훈춘시

　도문시를 떠나 두만강을 따라 달리면 얼마 가지않아 북한·중국·러시아, 세 나라가 접경을 이루는 훈춘시(琿春市)가 나온다. '훈춘'은 만주어로 '꼬리'라는 뜻인데 중국과 러시아에게는 정말 꼬리의 위치를 차지하고 있는 도시라고 할 수 있다.

　발해의 제3대왕 대흥무는 해양 진출에 뜻을 두고 수도를 바다와 가까운 이곳으로 옮기고 이름을 동경현덕부라고 한 다음 팔련성(八連城)을 쌓았다. 지금도 남아 있는 팔련성터는 선조들의 웅대한 의지를 우리에게 말없이 증언해 주고 있다. 훈춘에는 경신진(敬信鎭)이 있는데 '경신'(敬信)이라는 이름은 매우 신앙적이라고 할 수 있다.

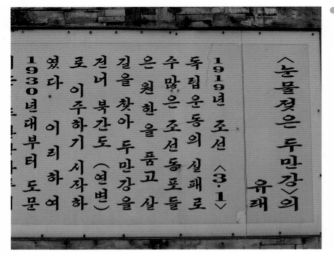

눈물젖은 두만강의 유래
도무 부근의 북한이 잘 보이는 일광산이라는 야산에는 한국인이 제일 좋아한다는 가곡 '눈물젖은 두만강'의 나무 유래비가 서 있는데 그 비문은 다음과 같다.
"1919년 조선 《3·1》독립운동의 실패로 수많은 조선동포들은 원한을 품고 살길을 찾아 두만강을 건너 북간도(연변)로 이주하기 시작하였다. 이리하여 1930년대부터 도문에는 두만강 나루의 착선장이 생겼는데 이곳이 바로 나라 잃고 부모처자 생이별하던 원한의 도문강 나루터였다.
1935년 가을 북간도 순회공연차 북간도에 도착한 극단 〈예원좌〉 일행이 투숙한 여관에서 밤중에 만주땅에서 반일투쟁을 하다가 살해당한 남편을 그리며 통곡하는 여인의 애절한 호곡소리를 듣고 커다란 충격을 받은 작곡가 리시우 선생은 망국의 원한과 민족의 설움을 통탄하며 〈눈물젖은 두만강〉을 창작하였다.(중략)
사람들은 조국이 그리울 때도 이 노래를 불렀고 옛님이 그리울 때도 이 노래를 부르게 되었다."

훈춘 경신진에 있는 안중근 의사의 유적

안중근 의사는 이집에 머물며 거사의 마지막 준비를 했다고 한다. 애국심 하나를 가슴에 품고 먼 이역에서 풍찬노숙(風餐露宿)의 생활을 하며 나라를 위해 큰일을 한 안 의사의 유적 앞에서 '우리는 하나님이 우리에게 주신 아름다운 조국을 위해 무엇을 하고 있나?' 하는 질문을 하며 옷깃을 여미게 된다. 아래 왼쪽은 내부모습. 오른쪽은 안의사의 생애를 한글과 한문으로 적은 비.

이 부근에 안중근 의사가 이등박문을 저격하기 전, 마지막 3개월을 머물며 거사를 준비한 초가가 있다.

훈춘시의 권하(圈河)에는 두만강의 마지막 다리가 있다.

권하 건너편은 북한의 함경북도 나선(羅先)특급시의 원정리(元汀里)이다. 원정리는 원래는 경흥군(2004년까지는 은덕군이라고 했음)에 속해 있었는데, 1993년에 선봉군으로 이관되었다.

원정리는 1997년 6월에 북한과 중국이 공동시장(공식명칭: 원정조중 공동무역시장)을 개설하여 관심을 끌었던 곳이다.

이 시장은 초기에는 출입 인원을 북한과 중국 각각 50명씩으로 제한했으나 뒤에 150명으로 늘였고, 많을 때는 북측에서는 300명, 중국측에서는 500명이 출입하기도 했었다.

원정리는 라선특급시의 입구이기도 하다. 대북협력사업을 하는 우리나라의 NGO들은 초기에는 평양에 출입하기에 앞서 먼저 이곳을 통해 라선지역에 출입을 했다.

두만강에는 북한과 중국을 연결하는 다리가 일곱 개 있고, 북한과 러시아를 연결하는 다리도 하나 있다. 북한의 라진선봉과 러시아 연해주 프리모르스키 하산(Khsan)을 연결하는 이 다리는 1965년에 개통되었고 친선교라는 이름을 갖게 되었다. 개통식 광경을 담은 당시의 사진을 보면 꽃으로 꾸민 증기 기관차 앞에 '두만강 친선교'라고 크게 써붙이고 기관차 윗부분에는 러시아어로 써붙여 놓았다.

조중접경의 서쪽 끝에는 압록강의 중조우의교가 있고, 동쪽 끝에는 두만강의 러시아와 친선을 도모하는 다리가 있는데 북한과 남한을 연결하는 다리는 끊어지고 막혀 있다는 사실 때문에 두만강의 마지막 다리를 바라보면서 마음이 쓸쓸해지는 것을 막을 수 없다.

방천

훈춘에서 권하를 지나 얼마를 더 달리면 중국과 북한과 러시아가 삼각으로 만나는 방천(防川)이 나온다.

이곳에서는 동해가 멀리 보이는데 이곳의 안내판에는 동해가 '일본해'

라고 표기되어 있다. 자존심 강한 중국이 자기네 영토의 코앞에 펼쳐져 있는 바다를 일본해라고 표기하고 있는 것이 이해하기 어려웠다.

방천에는 중·북·러의 영토가 꼭지점을 이루는 곳이 있고 그곳에 토자비(土字碑)가 세워져 있다. 그리고 거기 못미처에 망해각(望海閣)이라는 전망대가 있고 망해각 밑에는 강택민(江澤民)이 주석 시절에 이곳을 방문한 것을 기념하는 크지 않은 비석이 있다. 중국은 이곳을 관광지로 개발해서 많은 입장료 수입을 올리고 있다.

망해각 바로 밑에는 중국과 러시아를 가로 지르는 철조망이 길게 설치되어 있다. 백두산 원지에서 발원한 두만강은 1,300리 가까이(505.4㎞)를 달려 이곳에 이르러 동해의 품에 안긴다.

두만강의 끝부분에는 다른 곳과는 달리 넓은 백사장이 형성되어 있다. 이곳을 안내하는 중국측 자료에는 '닭울음소리가 3국에 들리고 개 짖는 소리가 3국을 깨우고 꽃향기가 사방에 풍기고 웃음소리가 이웃나라에 전해지는 곳'이라고 되어 있다.

방천은 풍경구(風景區: 경승지)로 지정되어 있는데, 습지생태환경보호구역이 있고, UN세계공원이라는 표지석도 세워져 있다.

두만강 건너편 라선특급시 우암리는 섬을 제외한 한반도의 제일 동쪽 끝이다. 압록강 동단에서 시작한 조중변경탐사의 발길은 이제 두만강 서단인 이곳에 이르러 조국의 평화통일, 북한복음화, 그리고 중국과 러시아, 일본의 평화 공존을 위해 간절하게 기도하는 가운데 끝을 맺게 된다.

중국 강택민 주석이 이곳을 방문하여
영토를 잘 지켜야 한다는 내용의 글을 남겼다.

참고문헌

□ 북측자료
◦ 교육도서출판사. 조선행정구역도. 주체 89(2000년)본과 주체 95(2006년)본.
◦ 조선민주주의인민공화국 지도출판사. 조선지도. 주체98(2009)년본
◦ 김일성. 「세기와 더불어: 회고록」(1권~8권). 평양: 조선로동당출판사, 1권~3권 1992년, 4권 1993년, 5권 1994년, 5권 1994년, 6권 1995년, 7권 1996년, 8권 1998년.
◦ 리정용 외 6인 편. 「조선속담성구사전」. 평양: 과학백과사전출판사, 주체 95(2006년).
◦ 백과사전출판사. 「조선대백과(간략본)」. 평양: 과학백과사전출판사, 주체93(2005).
◦ 조선중앙통신사. 「조선중앙년감」 주체 96년.
◦ 평화문제연구소(남)·북한과학백과사전출판사 공동편찬. 「조선향토대백과」. 1권~18권. 2005.

□ 중국측자료
◦ 백민성. 「유서 깊은 두만강반」. 연길, 연변인민출판사, 2001.
◦ 吉林省測繪新技術開發公司編. 「延邊朝鮮族自治州旅游交通圖」. 長春:山東省地圖出版社, 2005.
◦ 西安地圖出版社 編. 「東北三省地圖册」. 西安, 西安地圖出版社 2005.

□ 남측자료
◦ 고태우·안부섭·유관지. 「무너진 제단을 세운다」. 서울: 진리와자유사, 1995.
◦ 기독교대백과사전편찬위원회 편. 「기독교대백과사전」 1권~16권, 증보1~증보 5. 1980년~1997년.
◦ 기독교대연감편찬위원회. 「기독교대연감」1992년. 서울: 교문사, 1992.
◦ 대한예수교장로회 총회(통합측) 남북한선교통일위원회 북한문제연구소. 「해방 전 북한교회 총람」. 서울: 남북한선교통일위원회 북한문제연구소, 1999.
◦ 문화체육부 편. 「북한지역 종교자료집」. 서울: 문화체육부, 1994.
◦ 「북한연감」 2008년. 서울: 연합뉴스, 2008.
◦ 「월간목회」 1982년 6월호와 1983년 6월 호.
◦ 이영택 편. 「최신 북한·중국지도」(개정5판). 서울: 우진지도문화사, 2005.
◦ 財團法人 基督敎朝鮮監理會維持財團 規則及 說明書(附 財産目錄) 1938년도. 京城：基督敎朝鮮監理會總理院, 昭和 13年.
◦ 總會 各部 規則及 各 敎會住所録(朝鮮耶蘇敎長老會總會 二十七回 會議録 附録). 京城: 郭塤根家. 昭和 14年 (1939년).
◦ 한국기독교역사연구소 북한교회사 집필위원회. 「북한교회사」. 서울: 한국기독교역사연구소, 1996. (부록 1 〈해방 이전 북한지역에 설립된 교회〉를 많이 참고함)
◦ 한국기독교총연합회 북한교회재건위원회. 「한국교회북한교회 재건백서」. 서울: 한국기독교총연합회 북한교회재건위원회, 1997.

□ 간도 관련 사이트
간도 되찾기 운동: http://www.gando.or.kr/
간도회복추진위원회 네이버카페: http://cafe.naver.com/coreagando.cafe
백산연구소: http://www.paeksan.com/frame.htm
연변통신-조선족소식: http://www.yanbianforum.com/

□ 북한 관련 사이트
조병헌의 북한토지정보: http://www.nkland.org/
북한교회 세우기 연합: http://www.nkchurch.com/
북한자원 연구소: http://www.nokori.or.kr/
북한전문검색: http://www.dprksearch.net/
북한지역정보넷: http://www.cybernk.net/
조선일보-북한속담: http://www.nkchosun.com/kid/proverb/proverb.html
통일부 북한자료 센터: https://unibook.unikorea.go.kr/new2/
통일생활: http://www.baeoori.pe.kr/onelife.html
통일연구원: http://www.kinu.or.kr/
CNC북한학술정보: http://www.yescnc.com/

□ 백두산
백두산의 자연: http://pds.nktech.net/

□ 북한철도
네이버 백과사전: http://100.naver.com
북한의 철도 이미지: http://imagesearch.naver.com
Nrail 철도동호회: http://cafe.naver.com/korailslr.cafe

□ 기독교 교단
기독교대한감리회: http://www.kmc.or.kr/
기독교대한성결교회: http://www.kehc.org/
대한예수교장로회총회: http://www.pck.or.kr/
성봉선교회 이성봉 목사님: http://www.sungbong.org/
총회세계선교회(GMS): http://www.gms.kr/